高等学校交通运输类实践系列教材

形 体 训 练

◎ 主 编　邵国栋　杨维群

◎ 副主编　陈 舒 李 平 寇 铭

◎ 参 编　贺 茜 黄宏宇 张 蝶

西安电子科技大学出版社

内 容 简 介

本书面向空中乘务、高速铁路客运乘务、城市轨道交通运营管理等专业岗位，根据人才培养的需求，以学生形体塑造与岗位气质相匹配为目标，力求遵循并满足"工学结合"的指导理念编写而成。

全书包括形体认知、形体基础、形体塑造、科学健身、体能训练五个单元的内容。

本书可作为普通高等院校服务管理类相关专业形体塑造教学用书，也可作为培训机构形体训练的参考教材。

图书在版编目(CIP)数据

形体训练 / 邵国栋，杨维群主编. —西安： 西安电子科技大学出版社，2022.8(2025.8重印)
ISBN 978-7-5606-6610-5

Ⅰ.①形… Ⅱ.①邵… ②杨… Ⅲ.①形体—健身运动 Ⅳ.①G831.3

中国版本图书馆CIP数据核字(2022)第 146014 号

策　　划　秦志峰　刘统军
责任编辑　宁晓蓉
出版发行　西安电子科技大学出版社(西安市太白南路 2 号)
电　　话　(029)88202421 88201467　邮　　编　710071
网　　址　www.xduph.com　　　　　　电子邮箱　xdupfxb001@163.com
经　　销　新华书店
印刷单位　陕西精工印务有限公司
版　　次　2022 年 8 月第 1 版　　2025 年 8 月第 3 次印刷
开　　本　787 毫米 × 1092 毫米 1/16　　印　张　10.5
字　　数　191 千字
定　　价　31.00 元
ISBN 978-7-5606-6610-5
XDUP 6912001-3
如有印装问题可调换

前言 / Preface

　　伴随我国经济的快速发展和全球经济一体化进程的加快，我国各行各业迎来了机遇，同时也面临诸多挑战。在就业竞争形势日益严峻的今天，想要在激烈的人才竞争中脱颖而出，除了要有扎实的专业知识和技能外，还应具备良好的身体素质，形体美就是其重要体现之一。

　　形体训练是以人体科学理论为基础，以舞蹈及艺术体操等为主要手段，结合音乐，针对人的基本姿态进行的身体活动练习，是融健身、健心、健美为一体，塑造优美形体和姿态，提高人体控制能力和表现能力的基本训练课程。

　　本书主要适用于高等学校开设的管理与服务类专业（如城市轨道交通运营管理、高速铁路客运乘务、空中乘务及旅游管理等）的形体基础课程的教学，目的是培养学生良好的身体形态、优雅的行为举止和良好的气质风度，规范学生的职业礼仪，提高学生的人际交往能力和待人接物技巧，提高学生自身修养和品位，从而增强学生的就业竞争力。本书充分考虑了学生的特点，重在加强实际操作的训练和培养积极向上的精神，结合本专业的职业礼仪规范要求，循序渐进地进行形体与体能训练，使学生在未来的实际工作中具有端庄的姿态、优美的形体和高雅的气质。

　　本书由邵国栋、杨维群两位教授担任主编，陈舒、李平、寇铭三位老师担任副主编，贺茜老师以及黄宏宇、张蝶、吕涛、周宇、罗应丫、杨倩等同学参与了形体动作编排拍照，蒋青青、杨汪、肖婉婷、吴发禹同学参与了文字编辑工作。在此向参编教材的老师和同学们表示衷心的感谢！

编　者

2022 年 5 月

目录 / Contents

第五单元　体能训练篇

形体认知篇　第一单元

模块一　形体美概述

学习目标

◎ 正确理解美的概念

◎ 初步了解什么是形体美

一、什么是美

　　每个时代，人们都在以不同的民族文化谈论美、追求美。"美是什么?"这个看似简单的问题，却成为人类不断追问的"千古之谜"。古往今来，无数圣贤都从不同角度言说了美的本质。孔子以"理""仁"为美，毕达哥拉斯说"美是数的和谐"，柏拉图说"美在理念"，黑格尔说"美是理性的感性显现"，车尔尼雪夫斯基说"美是生活"，桑塔耶那说"美是客观化的快感"，克罗齐说"美就是表现"，等等。为回答"美是什么"这个问题，近代中国学术界也先后形成了四种派别：主观派、客观派、主客观统一派、客观社会派。他们从哲学角度、艺术角度、伦理角度，试图用思维方法、实证方法、语义分析法揭开这个谜底。但由于"美"的多样性、游移性、模糊性和差异性，迄今为止，仍不能得出公认的论断，许多美学家对此发出了无奈的叹息。

　　难道美的本质真的不存在吗？若真是这样，为何人们总可感受到审美中共同和永恒的东西呢？看来美的本质是存在的，但它是不能言说的，是不能给出定义的。正所谓："道可道，非常道。名可名，非常名。"美的本质是无法以正名的形式来获取的，它只能在具体的时代文化中，以肢体的方式逐渐显现出来。由此，美成为人类永恒的追求。

从美的产生和发展历程来看，美是一种价值，是一种社会现象，离开人类社会就无美而言。所以，美的本质更多地只能从其社会属性的角度去言说。马克思主义认为，生产劳动不仅创造了整个世界，创造了一切物质与精神财富，而且也创造了人，创造了美，创造了艺术。美是劳动实践的产物，美伴随着人类劳动实践而产生并发展。美是人本质力量的对象化。所谓"人本质力量的对象化"，是指人为了生存和发展，根据自己的需要，以自由自觉的实践活动去认识世界和改造世界；是人自身的力量不断外化到对象，又不断从对象之中反馈回来，最终在对象里凝结的过程。在整个过程中，对象留下了人的意志印记，它体现了人的思想、情感、愿望，又体现了人的意志和智慧。借此，人的本质力量不仅迸发了、显示了，而且被实现确证了。这种凝结着人的意志与智慧的产物就像一面镜子，从中我们可以"直观自身"，并从这些可感的对象中，确证和实现自己，美和美感也由此得到确证和实现。从这个角度讲，美是人本质力量的对象化。

二、什么是形体美

形体美是人本质力量在体育运动实践这个特定领域中的感性显现，它反映的是人与自身及运动的审美关系。由于形体美是以人为审美对象，以人体运动为主要手段，因此形体美是人的本质力量在自身的直接展示，是人的本质力量在自身的直接确认和实现。具体而言，形体美就是人的身体曲线美，是指人的躯体线条结合人的情感和品质，并通过形象、姿态展现于欣赏者眼前的一种美。形体美是由视觉器官所感知的空间性的美，其特点是感知身体外轮廓线，线的运动可以构成具有广度和厚度的空间形体。点动成线，线动成画，画动成体。

形体美有人的形体美和物的形体美之分，物的形体美纯属外表之美，而人的形体美则是外在与灵魂的契合。形体美是由内向外散发之美，真正的美乃身体美与精神美的结合，而精神美又包括了温柔、善良、娴静等因素。因此，形体美不但要展现体型美、姿态美和动作美，还要充分展现精神美。体型美是一种自然的美，比较集中地表现在比例均衡、对称、和谐等形式上。女性以柔美和秀美的曲线为美，男性以粗犷强壮和威严为美，每个人都希望自己的体型匀称、协调、健美，这也是人们不断追求的形体美的目标。姿态是一个人在静止或活动中所表现出来的身体姿势和举止神情，能反映一个人的气质和风度。姿态美则是指人体在空间运动和变化的样式，优美的姿态与造型，就像一首诗叙说着人的内心与外在世界。动作美是人体健康水平、器官机能、表现能力和精神风貌的体现，是形体美的一种表现形式，动作美不仅来自各种舞姿和体育运动，还来自人们的日常生活。

英国著名哲学家佛朗西斯·培根说过："相貌的美高于色泽的美，而秀雅合适的动作美又高于相貌的美，这是美的精华。"体型美、姿态美、动作美是形体美的核心，完美的体型和正确的身体姿态在某种程度上反映了有机体机能的完美程度，也反映了一个人的精神面貌和气质。形体训练是练习者根据对形体的认知，运用科学的健身理念与方法，通过各种身体练习增进健康、增强体质、塑造体型、培养姿态、陶冶情操，它是一个有目的、有计划、有组织的教育过程。

模块二　空乘人员形体的职业要求

学习目标

◎ 了解空乘人员形体美的职业要求

一、空乘人员应当具备的素质

1. 形象素质

空乘人员应当具备良好的形象素质，做好航空公司的代言人。人们将人与人第一次见面时给别人留下的印象叫"首因效应"，又称"第一印象"。空乘人员的形象素质带给乘坐民航飞机的国内外旅客的第一印象，在某种程度上体现了一个国家、一个民族的整体风貌，同时也代表了航空公司的形象。

2. 身体素质

空乘行业的特殊性，使得空乘人员需要长时间地经受飞机上的颠簸之苦。空乘人员应当具备良好的身体素质，才能在工作中更好地为广大乘客服务。

3. 技能素质

空乘服务人员应当具有良好的民航空乘服务技能与技巧，注重体现服务的高质量性、规范性、针对性和安全性的特点，更好地为乘客提供优质的服务。

4. 自身修养

空乘人员的良好自身修养表现在以下方面：首先是仪表整洁、端庄，其次是讲礼貌、举止稳重、行为文雅；最后是谈吐风趣、有分寸。一个人的形态举止十分重要，不管自己是否意识到，人都是在用自己的整个身体表现自己。美国心理学家伯特·梅拉比安曾经提出一个公式：

信息的全部表达 = 7%语言 + 38%声音 + 55%表情与动作举止

也就是说，人际交往中，55%的信息都是靠体态语言即表情与动作举止来传递的。因此，空乘人员进行形体与姿态的训练可以更好地树立职业形象。

二、空乘人员面试的形体标准

综合国内外各大航空公司空中乘务人员的面试及体格检查标准，我们归纳出以下空乘人员面试的形体标准。

1. 美学标准

五官端正；肤色好，着夏装时暴露部位无明显疤痕和色素异常；体型匀称；下肢比上身长2厘米以上；不是"O"形或"X"形腿；男生身高1.75～1.82米；女生身高1.64～1.72米；较好的语言表达能力；清晰的口齿和圆润的嗓音，声音不干、不涩、不哑、不弱等。

2. 航空医学标准

每眼视力不低于0.5(C字表)；无色盲、弱视、斜视；无精神病史；不晕车晕船；无口臭、腋臭；无明显的内、外八字步；无肝炎、结核、痢疾、伤寒等传染病。

模块三 形体美的评价标准

学习目标

◎ 了解形体美的标准

◎ 学会形体自测的方法

一、形体美的标准

美的形体应体现在以下几个方面(见图1-3-1)：

(1) 骨骼发育正常，关节不显得粗大突出。

(2) 肌肉均匀发达，皮下脂肪适当。

(3) 五官端正，与头部配合协调。

(4) 双肩对称，男宽女圆。

(5) 脊柱正视垂直，侧看曲度正常。

(6) 胸廓隆起，正面与侧面看略呈"V"形，女子乳房丰满而不下垂，侧看有明显曲线。

(7) 腰细而结实，微呈圆柱形，腹部扁平，男子有腹肌垒块隐现。

(8) 臀部圆满适度。

(9) 腿长，大腿线条柔和，小腿腓肠肌稍突出。

图1-3-1

二、形体美的评价

形体美的标准主要在于五官的比例是否和谐匀称，身体各部位器官比例是否和谐以及胖与瘦、高与矮的比例是否和谐。意大利画家达·芬奇认为美感完全建立在各部分之间神圣的比例上，因此女性形体美的重要标志就是身体各部分的对称和恰当的比例。

1. 颈(图1-3-2)

形状：修长，线条清晰。

比例：颈长应当是脸长的一半，纤细度和长度与肩、上臂的比例适中。

2. 肩(图1-3-2)

形状：平、正、对称、不溜肩，可看到锁骨。

女子圆润的肩膀可以突出其秀美的曲线。

比例：肩宽于髋，腰围小于髋围。

图1-3-2

3. 臂(图1-3-3)

(1) 前臂。

形状：平滑、圆润、内外有弧线。

比例：与上臂相比为中等大小。

(2) 上臂。

形状：平滑、收紧时能看到肱二头肌。

比例：与全身相比大小适中(与上身比较)。

4. 胸(图1-3-4)

(1) 上胸腔。

形状：胸至锁骨可以看到比较明显的锁骨线，位置较高。

比例：能看到突起，较丰满，轮廓向外。

(2) 胸部。

形状：丰满、坚挺、富有弹性，可以看到明显的外圆弧形。

比例：用B罩杯的胸罩，曲线优美，表现女性特有的魅力。

图1-3-3

5. 背(图1-3-5)

形状：平，且两边呈"V"字形至腰。

比例：与腰、臀相比为中等大小。

图1-3-4

6. 腰(图1-3-5)

(1) 前腰。

形状：脂肪少，平坦，无下垂。

比例：腰线在肩部与大腿根部连线的中点，腰线适中，下腹无突出感。

(2) 侧腰。

形状：侧腰有明显的平稳过渡，曲线呈"V"字形。

(3) 后腰。

形状：平、窄。

图1-3-5

7. 臀(图1-3-6)

(1) 臀下部。

形状：臀位高，臀部圆翘，球形上收，从臀下到大腿内侧圆滑。

比例：与腰、大腿相比比例适中，大腿后无脂肪堆积，宽度与肩平齐或略比肩宽。

(2) 臀上部。

形状：臀峰高且圆滑，腰向臀或大腿过渡平缓而明显。

比例：无下垂，脂肪少，大小比例适中。

图1-3-6

8. 大腿(图1-3-7)

形状：修长，线条柔和。

比例：躯干短，腿长，重心高。腿的长度大于或等于肩部到脚底长度的1/2。

大腿前侧表面平滑，线条明显圆滑，向膝过渡有平滑感；大腿内侧圆滑平润，双腿并拢时有接触点，两腿分开时中间、上面有弧线；大腿外侧平滑、圆润、无明显肌肉；大腿后侧有圆滑弧线，臀折线浅，从臀到小腿有明显过渡，可看到股二头肌但不明显，无明显的脂肪堆积。

图1-3-7

9. 小腿(图1-3-8)

小腿腓肠肌在小腿上1/3处，肌肉线条不明显，呈平滑状。

10. 膝(图1-3-9)

形状：平滑，膝盖周围无多余脂肪，大腿伸直后，膝盖无向上突出感。

比例：膝与大腿、小腿过渡平滑，无外侧突出感。

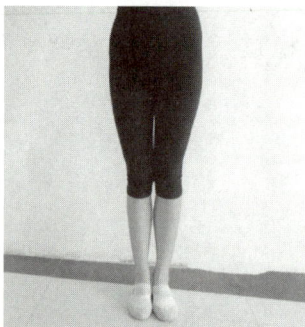

图1-3-8

图1-3-9

11. 踝、足(图1-3-8)

形状：踝细、足弓高。

比例：呈漏斗状，形态美观。

三、完美的身材比例

1. 位置比例

胸围的量取位置在肩与腰部之间，胸围线与腰围线、腰围线与臀围线之间距离的比值约为1.1：1.2。

2. 厚度比例

背部靠墙站立，假设以腰围为1，则较完美的身材比例是臀围 = 1.3，胸围 = 1.3，墙面到背部最凹处的距离为1/3，最突出的部位为胸。

3. 宽度比例

以腰宽为1，肩宽 = 1.5，乳头间隔 = 0.8，胸宽 = 1.3，臀宽 = 1.4，胸、腰、臀三宽的比例为1.3∶1.0∶1.4。

四、形体测量方法

（一）仪器测量法

1. 目的

了解身体长度、围度、厚度情况，找出形体差距，确定训练内容和扬长避短的着装方法。

2. 要求

(1) 有专门、固定的测试地点，光线充足，温度不低于20℃。

(2) 有落地大镜子和测量仪器。

(3) 测量时应着轻便贴身的短款练功服。在坚持练习后每月或每隔两个月测量多次。

(4) 下列情况不宜测量：生病或自我感觉不好；生病后的恢复期；训练后尤其是大运动量后；月经期。

(5) 测量时身体与地面保持垂直。

3. 测量仪器

身高体重测量仪、软皮尺、脂肪钳、肩部卡尺。

4. 测量内容

基本指标及测量方法如下：

❖ 体重：测量时身体直立，保持平衡，脱鞋。

❖ 身高：测量时两脚并拢，后背挺直。

❖ 上肢长：肩外侧到手指尖。

❖ 肩宽：两肩之间的最远距离，用皮尺从左到右测量。标准肩宽大约为头宽的2.5倍。

◇ 腰长：测量最后一根肋骨与髋骨之间的长度。

◇ 腿长：从后看臀折线到地面的长度(臀折线是臀部与大腿后侧相交线)。

◇ 腕围：测量腕骨最细的部位。

◇ 踝围：踝关节最细的部位。

◇ 臂围：上臂部最粗的部位。

◇ 胸围：肩胛骨下沿2～3厘米位置，用皮尺紧贴乳头，水平绕1周。

◇ 胸下围：肩胛骨下沿3～4厘米位置，用皮尺紧贴乳房下弧形线，水平绕1周。

◇ 腰围：两脚并拢，上身挺直，测量腰最细的部位，皮尺水平绕一周。

◇ 臀围：两脚并拢，上身挺直，测量臀部最突出的部位，皮尺水平绕1周。

◇ 大腿围：两腿分开与肩同宽，测量大腿最粗部位的围度。

◇ 小腿围：测量小腿最粗部位的围度。

◇ 上臂皮脂厚度：测量上臂最粗位置前部的脂肪厚度。

◇ 上腹皮脂厚度：测量从腰线向右4～5厘米处的脂肪厚度。

◇ 下腹皮脂厚度：测量肚脐下2～3厘米，腹线中部左右4～5厘米处的脂肪厚度。

◇ 后背皮脂厚度：测量肩胛骨下靠近斜方肌的位置中点3～4厘米处的脂肪厚度。

◇ 大腿外侧皮脂厚度：测量大腿围度时与外侧中心相交点处的脂肪厚度。

(二) 目测法

在没有仪器设备进行精确测量时，可以用以下方法进行目测，以判断自身的形体状况。测量内容及方法如下。

1. 颈形

◇ 短：小于脸长的一半。

◇ 长：大于脸长的一半。

◇ 适中：等于脸长的一半。

2. 肩形

◇ 平肩：从水平线平视左右两肩点，刚好成水平线者，即为平肩，此肩型又分为宽肩和窄肩两种。宽肩：两肩比臀宽。窄肩：两肩比臀窄。

◇ 耸肩：从水平线平视左右两肩点，如果稍高且向前倾，肩骨明显且突出者即为耸肩。此肩形的人大都骨感强且瘦弱，见图1-3-10。

◇ 垂肩(溜肩)：从水平线平视左右两肩点，明显下垂者即为垂肩，见图1-3-11。

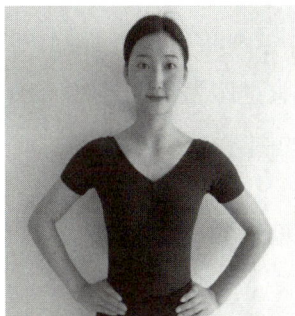 

图1-3-10   图1-3-11

3. 上身的长短

西方画家将人体分为 7.1 个头身长，认为标准比例为上身(腰以上) 2.7 个头身，下身(腰以下)4.4个头身。如果上身短于 2.7 个头身，为上身短；如果上身超过 2.7 个头身，为上身长。

4. 臀形

✧ 大：标准的臀部宽度大约是头宽的两倍多，超过此宽度且宽度大于肩者为大。

✧ 小：髋部窄于肩。

✧ 平坦：臀部无峰形，并且有点下垂，多数人腰部细小，更容易使臀部显得平坦，见图1-3-12。

图1-3-12

五、形体比例计算法

古希腊美学家、思想家德谟克利特说过："美的本质在于井井有条、匀称，各部分之间有和谐、正确的数字比例。"西方画家也普遍认为：人头与躯体的比例为

1：7时最美。完美比例的围度计算方法见表1-3-1。头与身高的比例标准为头身比，其计算公式为

$$头身比 = 身高 \div 头长$$

例如：身高为160厘米，头长为20厘米，头身比为160 ÷ 20 = 8 (即 8 个头身)。

表1-3-1　完美比例的围度计算方法

单位：厘米

项　　目	完美比例指数	你的理想值	你的实际值
身高	8个头身		
体重/公斤	身高 −112		
胸围	身高 × 0.515		
胸下围	身高 × 0.432		
腰围	身高 × 0.370		
腹围	身高 × 0.457		
臀围	身高 × 0.542		
大腿围	身高 × 0.305		

身高主要反映骨骼的生长发育状况；体重反映骨骼、肌肉、脂肪等综合变化的状况；胸围则反映胸廓的大小及胸部肌肉的发育状况。身高、体重、胸围被列为人体形体变化的三项基本指标，它们和腰围、臀围、大腿围、上臂围共同组成了女子的形体标准尺度，见表1-3-2。(注：体重数据见表1-3-3)

表1-3-2　女子形体标准尺度参考表

单位：厘米

身高	胸围	腰围	臀围	大腿围	上臂围
152	76	58	86	43	23
155	80	60	88	44	23
157	81	61	89	46	23
160	83	62	90	47	23.5
162	85	63.5	91	48	24
165	86	64	93	49	25
170	89	67	95	50.7	25
172	90	69	97	50.8	25
175	91	70	98	51.4	26
180	93	71	99	51.4	26

身高和体重的对应关系，不但能反映一个人形体美的程度，也能反映一个人的健康程度。日本学者根据东方人的体型特点提出了一个女子理想体重标准可供我们参考，见表1-3-3。

表1-3-3　女子身高和体重的对应关系

身高/厘米	正常体重/公斤	理想体重/公斤
150	50.0	45.0
155	52.6	47.3
160	55.3	49.7
165	58.9	53.0
170	62.9	56.9
175	66.9	59.2
180	70.1	63.0

为促进学生体质的健康发展，激励学生积极进行身体锻炼，教育部、国家体育总局于2014年7月14日公布了最新修订的《国家学生体质健康标准》，对学生的身高体重标准和等级评分进行了统一的规定。

模块四 形体训练的特点和原则

学习目标

◎ 了解形体训练的特点

◎ 掌握形体训练的原则

一、形体训练的特点

1. 高度的艺术性

形体训练以其独特的魅力有别于竞技体操、艺术体操、健美操和舞蹈等的学习范畴，它将多种有效的健身训练方式艺术化，使人们在训练中感受人体运动的协调与流畅、舒缓与优美，体现了身体姿态的造型美。这些训练内容使练习者不仅锻炼了身体，增强了体质，而且从中得到了"美"的享受，提高了艺术修养。因此，形体训练具有高度的艺术性。

2. 健康的娱乐性

形体训练让人们在愉悦、轻松的气氛中和音乐的伴奏中强身健体，调节精神，塑造形体，丰富业余生活。所以形体训练是一项结合了舞蹈、艺术体操、健身操、瑜伽、普拉提等内容的健身项目。这种有针对性、多种有效项目组合的健身方式对传统的、单一的、程式化的体育锻炼方式是一种巨大的挑战。

3. 广泛的适用性

形体训练形式的多样性，为练习者提供了不同的练习内容与科学的健身方法。不同人群可以根据自己的年龄、锻炼基础和锻炼目的，选择适合自己的练习内容。

每一个练习者在形体训练中都可以找到适合自己的锻炼方式，并从中得到乐趣。

4. 锻炼的时效性

形体训练属于有氧运动，练习强度适中。长期坚持练习能有效提高人体心血管系统、呼吸系统及运动系统的功能，达到提高生理健康水平的目的。与此同时练习者在优美音乐的伴奏下轻松安全、有效地锻炼，也有利于消除疲劳，提高心理健康水平。系统的形体训练不仅能消除体内多余脂肪塑造形体，还能重塑健美体型。

二、形体训练的原则

众所周知，人只有在健康的基础上才会拥有美的形体，健康可以通过各种体育锻炼来实现，但优美的形体则需进行专门的训练。形体训练既不同于打球、跑步、游泳等运动，也与技巧运动如舞蹈、竞技体操等项目有所区别。它一方面能全面锻炼身体，另一方面又可以有重点地雕塑人体形态，培养良好的姿态，使练习者在掌握形体训练的基础知识、基本技能和基本技术的同时，提高形体的美感，培养良好的气质，陶冶美的情操，提高审美品位。在进行形体训练时，应遵循下列原则。

1. 全面锻炼身体的原则

形体训练的目的在于使全身肌肉富有弹性、发展匀称，使内脏器官机能旺盛。在选择形体训练内容时，应首先保证身体的全面锻炼，再注重加强身体不足部位的练习，这样才能达到形体训练的目的。因此，合理选择和搭配训练内容，运用适当的训练方法，才能做到扬长避短、内外结合、身心一致。

2. 循序渐进的原则

进行形体训练要有恰当的生理和心理负荷量。训练的效果如何，很大程度上取决于运动的刺激强度，太弱的刺激不能引起机体功能的变化，过强的刺激不仅不能增强体质、改善形体，相反还会损害健康。想要身体由弱变强、由丑变美，急于求成是办不到的。因此在训练内容的选择上，要注意由少到多，动作节奏由慢到快，负荷由小到大，并根据实际情况，循序渐进。只有遵循人体自然发展和机体适应环境的基本规律，逐渐提高水平，才能有效塑造完美的形体。

3. 培养良好形态的原则

确定形体训练内容时，要以有效培养良好形态为准则，对于形态控制效果好且具有实用意义的体操基本功的训练，应在各训练段中反复出现，强度应逐步提高。对技术性较强的内容，要考虑训练本身的技术含量，对提高形体素质有利的训练内容要坚持每训必有。

4. 科学的针对性原则

形体训练的内容在层次上应与练习者的年龄、心理和生理发展的规律、形态控制能力及职业的要求相适应，这样才能确保形体训练的系统性，逐步提高形体素质和技能要求，同时也要根据练习者的训练进展逐渐增加新内容，从而调动练习者的积极性。

5. 内容的多样性原则

形体素质的提高练习是艰苦的，练习者在训练期间(尤其是训练初期)和训练结束后会感觉到辛苦和疲劳。健身目的明确、美体观念强的人，会在形体训练中苦中作乐，但自控能力差的人就很难坚持下去。只有坚持采用多种内容和方法进行形体训练，才能充分调动和激发练习者的兴趣，培养其积极主动的参与心理，克服由于训练内容的单调、枯燥和动作难度等带来的困难。

6. 理论与实践相结合原则

形体训练以培养良好形态的身体练习为主要方法，同时练习者也必须重视对形体训练基础知识的学习，只有初步掌握确立良好形态的原理和方法，才能运用相关知识指导自己提高保持良好身体形态的能力。

形体基础篇　第二单元

模块一 手臂、肩部力量与柔韧性练习

📖 **学习目标**

◎ 了解自身手臂、肩部力量与柔韧性情况

◎ 学会自我练习的方法

一、手臂、肩部力量的练习方法

(1) 练习一：双臂前平举，双手握哑铃，拳心向上，握哑铃双手做屈伸练习，上身保持直立，双臂尽量屈伸到最大限度，如图2-1-1所示。每组连续做20次，反复练习3组。

(2) 练习二：双臂侧平举，双手握哑铃，拳心向前，握哑铃双手做屈伸练习，上身保持直立，肩和双臂尽量保持水平，如图2-1-2所示。连续做20次，反复练习3组。

图2-1-1   图2-1-2

(3) 练习三：双臂上举，双手握哑铃，拳心相对，握哑铃双手做向后屈伸练

习，手臂和身体保持一条直线，收腹立腰，如图2-1-3所示。每组连续做20次，反复练习3组。

（4）练习四：双膝跪于地面，双臂与地面垂直，指尖向前，背部平直，收腹，将肘关节弯曲成直角后再伸直，期间臀部和身体尽量保持水平面，双肩不要超过手指尖，胸部尽量贴于地面，如图2-1-4所示。每组连续做15次，反复练习2组。

图2-1-3　　　　　　　　　图2-1-4

（5）练习五：双肘撑于地面，手掌向前，双膝离地，双腿与肩同宽，大臂与地面垂直，收紧腰腹，背部和臀部尽量保持水平面，如图2-1-5所示。停留120秒为一组，反复练习3组。

（6）练习六：双臂屈肘于胸前上屈，双手握哑铃，拳心相对，双臂做内收和外展运动，如图2-1-6所示。每组连续做20次，反复练习3组。

图2-1-5　　　　　　　　　图2-1-6

二、手臂、肩部柔韧性练习方法

（1）练习一：练习者趴于地面，双臂弯曲，交叉扶于肘关节，同伴双脚分开站于练习者后部，双手抓住练习者肘关节向上微微拉起，同时用膝关节顶在其肩胛骨中间，双手与膝反方向用力，停留5～10秒，如图2-1-7所示。

(2) 练习二：练习者双手扶于把杆与肩同宽，身体前倾，同伴双手压在练习者肩胛骨中间下压，练习者尽量不屈肘，如图2-1-8所示。

图2-1-7

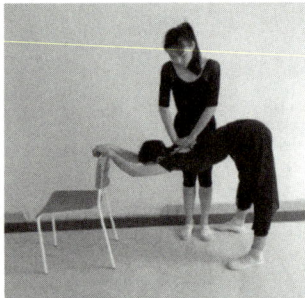

图2-1-8

(3) 练习三：练习者双腿并拢坐于地面，膝盖伸直，双手向上举，同伴双手握住练习者肘关节处，膝盖顶住其肩胛骨中间，向反方向用力，如图2-1-9所示。

(4) 练习四：练习者趴于地面，同伴双手握住练习者双臂向上微微拉起，用脚踩在其肩胛骨中间，手与脚向相反方向用力，如图2-1-10所示。

图2-1-9

图2-1-10

模块二 胸腹部力量与柔韧性练习

学习目标

◎ 了解自身胸腹部力量与柔韧性情况

◎ 学会自我练习的方法

一、胸腹部力量与柔韧性练习方法

(1) 练习一：仰卧，屈膝，双脚与肩同宽，双手扶脑后，腹肌收紧，缓缓将上半身抬起后落下，臀部始终与地面接触，如图2-2-1所示。每组连续做20次，反复练习2组。

(2) 练习二：侧卧屈膝，双手扶于脑后，侧腹肌收紧，将上半身尽量抬高后落下，如图2-2-2所示。每组连续做20次，反复练习2组。

图2-2-1　　　　　　　　图2-2-2

(3) 练习三：双脚开立，双手侧平举，身体向左下侧腰，同时左臂侧伸，右臂上举，如图2-2-3所示。停留20秒后还原为一组动作，反复练习3组，再做反方向。

(4) 练习四：仰卧，双腿并拢，上半身及双腿向上抬起，双手抱住脚踝，双腿伸直，与地面呈45°，双肩向头上方伸展，如图2-2-4所示。每组连续做15次，反复练习3组。

图2-2-3　　　　　　　　　图2-2-4

(5) 练习五：仰卧，双腿并拢，双臂放于身体两侧，双腿伸直向上抬起90°后慢慢下落，背部贴紧地面，尽量拉长手臂，如图2-2-5所示。每组连续做20次，反复练习3组。

(6) 练习六：仰卧，双腿并拢上举，同时头肩部向上抬起至最大限度，双臂向前方伸展，手指尖伸向双脚方向，双腿保持不动，如图2-2-6所示。每组连续做15次，反复练习2组。

图2-2-5　　　　　　　　　图2-2-6

(7) 练习七：双脚开立，双臂侧平举，上半身前倾并平行于地面，向上充分展背，如图2-2-7所示。停留20秒后还原为一组动作，反复练习5组。

(8) 练习八：双腿并拢坐于地面，左腿和右臂向上抬起，右手指尖伸向左脚尖方向，左手臂伸直手掌撑于地面，如图2-2-8所示。还原后做反腿，连续做20次为一组，反复练习2组。

图2-2-7　　　　　　　　　图2-2-8

(9) 练习九：开跨，双腿外分叉使得胯部分开且受力，双脚脚踝绷直，双臂绷直双手撑地面，如图2-2-9所示。连续做15次为一组动作，反复练习3组。

(10) 练习十：仰卧，双腿抬至上举弯曲，双脚脚踝绷直，双手抱头，肘部向外弯曲，上半身慢慢抬起，尽量控制双腿姿势，如图2-2-10所示。连续做20次为一组动作，反复练习2组。

图2-2-9   图2-2-10

模块三　腰背部力量与柔韧性练习

学习目标

◎ 了解自身腰背部力量与柔韧情况

◎ 学会自我练习的方法

一、腰背部力量练习方法

(1) 练习一：练习者俯卧在地毯上，双臂向后伸出，同伴双脚位于练习者髋部两侧，双手握住练习者手腕拉起，使其上半身离开地面成最大反背弓。练习者在此期间需挺胸抬头，用力向后弯腰，同时尽量使髋部不离开地面，如图2-3-1所示。控制四个八拍，反复练习10次。

(2) 练习二：练习者俯卧在地毯上，双手前伸，双脚并拢绷脚尖，同伴跪坐在练习者身后，双手压住其双脚，练习者上半身后屈，在最高点停留15秒，反复练习10次。练习者在动作练习过程中，要始终保持抬头挺胸，上半身呈用力后屈状，而同伴要用力按住练习者双脚帮助其完成动作，如图2-3-2所示。

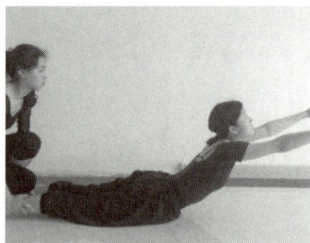

图2-3-1　　　　　　　　　　图2-3-2

（3）练习三：双人背靠背分腿站立并手挽手，一人用力背起另一人，使其后倒呈反弓状，自己则尽量含胸圆背、双腿直立，控制两个八拍后换人。上方的人要放松髋关节和腿部，使背部、胸部和腰部肌肉充分伸展，而下方的人一定要分腿直立，同时圆背，反复练习多次，如图2-3-3所示。

（4）练习四：练习者右手臂伸直，手心向下，身体侧卧成一直线，左手臂向斜上方伸直，同伴两脚站立在练习者膝关节两侧，双手拉住练习者右手臂，使其身体呈侧曲形态，练习者左手臂侧平举停留20秒，反复做15次。练习者在整个动作过程中应始终保持抬头、挺胸、立背，特别是不能屈髋，上半身用力侧曲，同伴可用两脚夹住练习者的双膝，身体直立稍后倾，帮助其完成动作，如图2-3-4所示。

图2-3-3　　　　　　　　图2-3-4

（5）练习五：左腿跪立，左脚尖后点地，双手向前撑于地面，身体保持水平，右腿向上抬起，展肩挺胸抬头，如图2-3-5所示。停留30秒为一组动作，反复练习3组。然后做反方向腿。

（6）练习六：俯卧于地面，双臂前伸，手心朝下，双腿和上半身同时向上翘起，夹紧臀大肌，伸直腿部，如图2-3-6所示。连续做20次为一组动作，反复练习3组。

 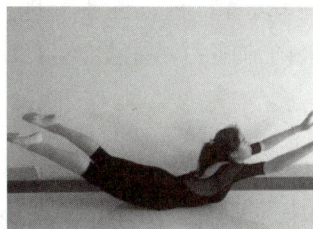

图2-3-5　　　　　　　　图2-3-6

（7）练习七：俯卧于地面，双臂前伸，手心朝下，右臂和左腿向上抬起，挺胸抬头，伸直腿部，还原，如图2-3-7所示。换反方向腿连续交替做20次为一组动作，反复练习3组。

（8）练习八：仰卧，双腿屈膝分腿，双脚同肩宽，双臂放于体侧，臀部向上抬起。臀大肌用力收紧，停留3秒还原，如图2-3-8所示。连续做15次为一组动作，反复练习3组。

图2-3-7　　　　　　　　　图2-3-8

二、腰背部柔韧性练习方法

（1）练习一：练习者双脚稍分开站立，同伴拉住其双手，向后连续甩腰10次，然后下腰停留10秒，双膝微屈，如图2-3-9所示。

（2）练习二：练习者跪于地面，同伴面对面站立，扶住练习者腰部，练习者向后甩腰，胸部向后下方卷曲，手臂夹于耳边两侧向头部方向尽量伸直，如图2-3-10所示。

图2-3-9　　　　　　　　　图2-3-10

（3）练习三：练习者拱桥，两手着地，或两臂弯曲交叉用肘关节着地，同伴扶于练习者腰部，轻轻向前施力，如图2-3-11所示。

图2-3-11

(4) 练习四：练习者侧躺在地上，双腿并拢屈膝，双臂在胸前交叉抱住双膝，然后双臂贴面上举，双腿伸直，全身呈弓形，反复练习10次。练习者的头部和脊椎应保持在一条直线上，蜷曲时要收紧双膝，如图2-3-12和图2-3-13所示。

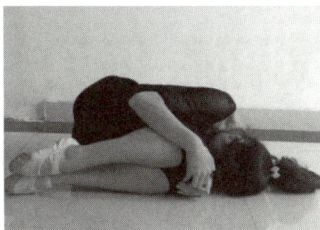
图2-3-12

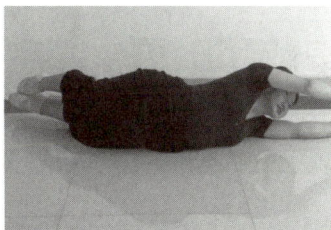
图2-3-13

(5) 练习五：双膝跪地，双手撑地，保持背部平直，收腹；将背部向上弓起并收腹，同时让骨盆向前倾，保持弓背姿势两个八拍；接着背部向下沉，胸部靠向地面，略微抬头并让臀部向后移动，使头部和脊椎保持在一条直线上，同时注意呼吸的协调配合，如图2-3-14和图2-3-15所示。反复练习多次。

图2-3-14

图2-3-15

(6) 练习六：练习者双腿跪立，上半身向后下腰，双手扶于脚踝，下腰时头尽量向后伸，如图2-3-16所示。

图2-3-16

模块四 髋部柔韧性练习

学习目标

◎ 了解自身髋部柔韧性情况

◎ 学会自我练习的方法

髋部柔韧性练习方法如下：

(1) 练习一：坐在地上，双腿屈膝分开，双脚心相对，脚心贴紧，双手抱握住双脚，用力上提，保持立腰、立背、挺胸，如图2-4-1所示。

(2) 练习二：双肘俯撑于地面，双腿屈膝，双脚分开，将髋关节压低至最大限度，臀部下沉，大腿尽可能打开至最大限度，如图2-4-2所示。

(3) 练习三：分腿坐在地上并保持背部平直，挺胸同时向内收腹，双手扶在大腿内侧；腰始终保持笔直状态；从臀部开始向前屈身，双手平放在身前地上，头和脊椎保持一条直线，膝盖和脚趾始终保持向上，如图2-4-3所示。

图2-4-1　　　　　　　　　图2-4-2　　　　　　　　　图2-4-3

模块五　腿部、脚面力量与柔韧性练习

学习目标

◎ 了解自身腿部、脚面力量与柔韧性情况

◎ 学会自我练习的方法

一、腿部力量练习方法

(1) 练习一：双腿开立，双手放于身体两侧，双腿屈膝下蹲时收腹立腰，臀部往后下坐，双臂前平举握拳，双腿伸直还原时双臂下垂，如图2-5-1所示。连续做20次为一组，反复练习2组。

(2) 练习二：双腿前后分立，双手放于身体两侧，双腿屈膝下蹲时双臂前平举握拳，双腿伸直还原时双臂下垂，如图2-5-2所示。连续做20次为一组，反复练习2组。

图2-5-1　　　　　　　　　图2-5-2

（3）练习三：左腿前弓步，双手叉腰，右腿做提踵练习，身体保持直立，脚跟尽量高抬，如图2-5-3所示。每组连续做20次，反复练习3组，再做反方向。

（4）练习四：自然站立，双手叉腰，原地连续蜷身跳，上半身保持直立，双膝尽量靠拢胸部，如图2-5-4所示。连续做15次为一组，反复练习2组。

（5）练习五：自然站立，双手叉腰，身体保持直立，左右高抬腿跳，大腿和膝盖保持在水平面，连续做30次为一组，反复练习3组。如图2-5-5所示。

图2-5-3　　　　　　　　图2-5-4　　　　　　　　图2-5-5

二、腿部柔韧性训练方法

（1）练习一：针对前韧带。双腿并拢坐于地面，上半身挺直贴向双腿，稍抬头，同伴将双膝顶于对方腰部，双手按于对方后背部，向前下方施力，如图2-5-6所示。

（2）练习二：针对侧韧带。双腿自然分开，上半身贴于地面尽量向前趴，同伴将双膝顶住对方腰部，双手按住对方背部，向前下方施力震颤。练习者膝盖和脚背应保持向上姿势，如图2-5-7所示。

图2-5-6　　　　　　　　图2-5-7

（3）练习三：针对侧韧带。双腿分开坐立，右臂向左侧伸展，身体向左侧下压。左肩尽量贴近大腿。上半身尽量保持直立，连续做10次，然后做反方向，如图2-5-8所示。

（4）练习四：针对后韧带。右腿跪坐于地面，左腿向后伸直。左手扶于右膝，右臂上举，身体和手臂尽量向后摆动，稍抬头，连续做10次后做反方向，如图2-5-9所示。

（5）练习五：针对大胯部韧带。练习者平躺于地面，双腿伸直分开，绷脚，同伴跪于地面双手扶住练习者双膝向下施力震颤。练习者髋部尽量放松，如图2-5-10所示。

图2-5-8　　　　　　　　图2-5-9　　　　　　　　图2-5-10

三、脚面柔韧性训练方法

（1）练习一：练习者坐于地面，伸直膝盖，勾脚尖，同伴一手按住对方膝盖，一手抓住对方脚底向练习者膝盖方向施力，如图2-5-11所示。练习者膝盖不能弯曲，稍停一会换反脚。

（2）练习二：练习者坐于地面，伸直膝盖，绷脚尖，同伴一手按住对方膝盖，一手按住脚尖向下施力，如图2-5-12所示。停留一会换反脚。

图2-5-11　　　　　　　　图2-5-12

（3）练习三：练习者跪于地面，单脚脚尖与地面接触，臀部坐于脚跟上，向下用力，如图2-5-13所示。双手尽量轻轻扶于地面。

（4）练习四：练习者站立，双手扶凳子，单脚脚尖与地面接触，上身直立，膝盖伸直，向下用力，如图2-5-14所示。

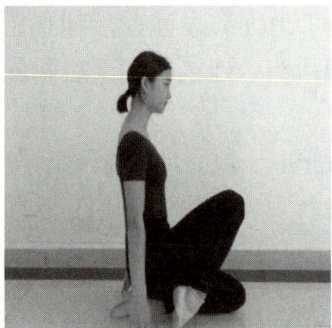 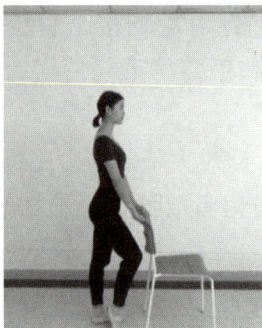

图2-5-13　　　　　　　图2-5-14

形体基本素质训练注意事项

(1) 形体基本素质训练内容多，应考虑由易到难，由简单到复杂。

(2) 每次形体训练要有重点，同时也要注意全面锻炼，避免内容单一化。

(3) 在进行形体基本素质训练前要热身，过后要放松。

(4) 在做双人配合练习时，要考虑对方的承受能力，用力要适度，以免发生拉伤事故。

(5) 要强调对称动作的练习，避免身体对称部位的不协调。

第三单元 形体塑造篇

模块一　形体姿态训练

学习目标

◎ 掌握形体训练术语
◎ 学会形体姿态训练的基本方法

一、形体训练术语

1. 方向术语

当你站在场地中央时，从你的前、后、左、右每隔45°会放射出1条射线，共8条射线，这就是我们通常所说的8个方向点，如图3-1-1所示。

1点——正前方
2点——右前方
3点——正右方
4点——右后方
5点——正后方
6点——左后方
7点——正左方
8点——左前方

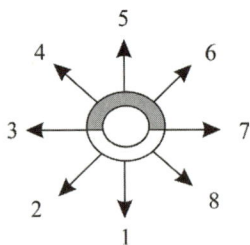

图3-1-1

2. 基本手位

形体训练中的基本手位共有七位，如图3-1-2所示。

一位：双臂呈半弧形下垂于身前，两手指尖相隔几厘米。

二位：双臂圆屈向前抬起，正对着下肋。

三位：双臂圆屈上举，指尖相隔几厘米。

四位：一臂呈三位，一臂呈二位。

五位：一臂呈三位，一臂向旁边打开。

六位：一臂呈二位，一臂向旁边打开。

七位：双臂圆屈向旁边平举，小臂与肘同样高。

| 一位手 | 二位手 | 三位手 | 四位手 |

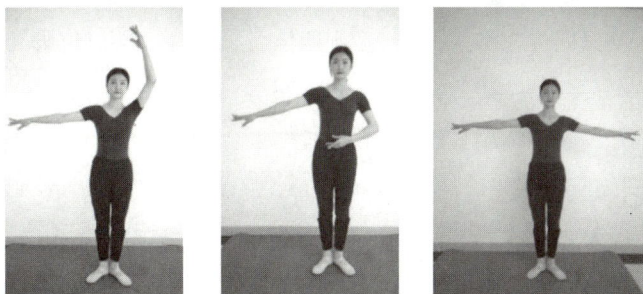

| 五位手 | 六位手 | 七位手 |

图3-1-2

3. 基本脚位

形体训练中的基本脚位共有五位，如图3-1-3所示。

一位：两脚完全外开，脚跟紧贴，站成一条横线。

二位：由一位两脚分开，相隔一脚距离。

三位：一脚位于另一脚的前面，前脚跟紧贴后脚的中央。

四位：四位脚分"交叉"和"敞开"两种，由三位脚前后分开，相距一脚的距离，叫作交叉四位；由一位脚向前后分开，相距一脚的距离，叫作敞开四位。

五位：两脚外开，前脚向后紧贴，脚跟与后脚的脚尖对齐。

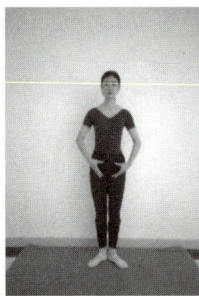
一位脚

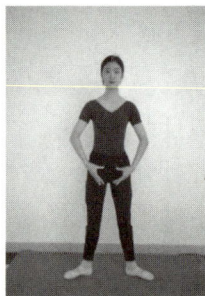
二位脚

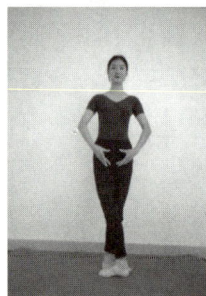
三位脚

交叉四位

敞开四位

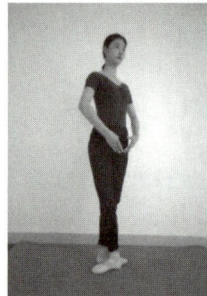
五位脚

图3-1-3

二、地面练习

1. 头颈部位练习

预备姿势：双腿盘坐，挺胸、抬头、立腰，双臂伸直在身体两侧撑地，目视前方(见图3-1-4)。

图3-1-4

第一个八拍见图3-1-5。

第二个八拍同第一个八拍。

| 1—2拍 | 3—4拍 | 5—8拍 |
| 低头 | 回正 | 两拍一动，仰头，回正 |

图3-1-5

第三个八拍见图3-1-6。

第四个八拍同第三个八拍。

| 1—2拍 | 3—4拍 | 5—6拍 | 7—8拍 |
| 向左倒头，目视前方 | 回正 | 向右倒头，目视前方 | 回正 |

图3-1-6

第五个八拍见图3-1-7。

1—2拍	3—4拍	5—6拍	7—8拍
向左转头，眼睛看向	回正	向右转头，眼睛看向	回正
7点方向		3点方向	

图3-1-7

第六个八拍同第五个八拍。

第七个八拍：向左做头的环动，低头—左倒—右倒环动一周。

第八个八拍：向右做头的环动，低头—右倒—左倒环动一周。

✎ **动作要点**

(1) 低头时，头要低到最大限度。

(2) 仰头时，颈部应放松仰望正上方。

2. 肩部练习

预备姿势：双腿盘坐，挺胸、抬头、立腰，手臂放松，目视前方(见图3-1-8)。

图3-1-8

第一个八拍见图3-1-9。

1—4拍	5—8拍
左肩向上耸起	左肩放下回原位

图3-1-9

第二个八拍见图3-1-10。

1—4拍	5—8拍
右肩向上耸起	右肩放下回原位

图3-1-10

第三个八拍见图3-1-11。

1—4拍	5—8拍
双肩同时向上耸起	双肩同时放下回原位

图3-1-11

第四个八拍同第三个八拍，最后一拍双手正叉腰，见图3-1-12。

图3-1-12

第五个八拍见图3-1-13。

1—4拍	5—8拍
左肩向前，右肩不动	左肩回位

图3-1-13

第六个八拍见图3-1-14。

第七个八拍见图3-1-15。

第八个八拍动作同第七个八拍，只是一拍一动，做8次前后肩。

 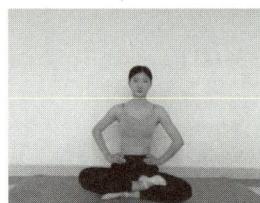

1—4拍   5—8拍

右肩向前，左肩不动   右肩回位

图3-1-14

1—2拍   3—4拍   5—6拍   7—8拍

左肩向前，右肩向后   右肩向前，左肩向后   左肩向前，右肩向后   右肩向前，左肩向后

图3-1-15

动作要点

(1) 盘坐时上身要挺拔，手臂放松。

(2) 单肩活动时，另一肩膀应保持不动。

3. 勾、绷脚练习

预备姿势：双腿并拢伸直，上身垂直坐于地面，挺胸收腹，双手于身体两侧撑地(见图3-1-6)。

图3-1-6

第一个八拍见图3-1-17。

第二、三、四个八拍动作同第一个八拍。

1—4拍 5—8拍

双脚全勾 双脚绷脚

图3-1-17

动作要点

(1) 坐地时上身要挺拔，两腿并拢伸直，绷脚到脚趾尖。

(2) 勾脚要尽可能向上翘，伸展脚跟腱。

4. 下后腰练习

预备姿势：面朝7点方向跪立，双手扶住大腿(见图3-1-18)。

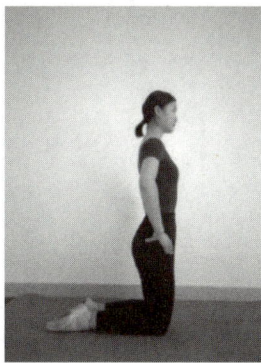

图3-1-18

第一个八拍见图3-1-19。

第二、三、四个八拍动作同第一个八拍。

1—2拍	3—6拍	7—8拍
双手扶住大腿，身体前倾	从头、颈、肩开始向后下腰，下腰后双手扶住脚腕停住	挑腰起身，回到预备姿势

图3-1-19

动作要点

下后腰时应注意调整好呼吸，前倾时吸气，下腰时呼气。

5. 压腿练习

预备姿势：双腿并拢伸直，绷脚。上半身保持直立。手臂呈三位(见图3-1-20)。

图3-1-20

第一个八拍见图3-1-21。

第二、三、四个八拍动作同第一个八拍。

1—4拍

上身向前压腿，尽量用胸去贴腿

5—8拍

上身抬起，回到预备姿势

图3-1-21

第五个八拍见图3-1-22。

1—2拍

双腿向身体两侧分
开，绷脚，右手托
掌位，左手扶住地
板，向左压左腿

3—4拍

上身抬起，回原位

5—6拍

上身向左压左腿，
尽量用背去贴腿

7—8拍

上身抬起，回原位

图3-1-22

第六个八拍动作同第五个八拍。

第七、八个八拍动作同第五个八拍，方向相反。

第九个八拍见图3-1-23。

1—2拍

将右小腿收回，绷
脚，左腿不动

3—4拍

身体转向3点方向。
双手在身体两侧扶地

5—6拍

上身向后压
左腿

7—8拍

上身抬起，回原位

图3-1-23

第十个八拍动作同第九个八拍中的5—8拍。

第十一个八拍动作同第九个八拍方向相反。

第十二个八拍动作同第九个八拍中的5—8拍，方向相反。

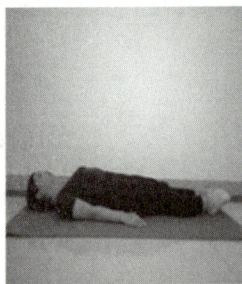

动作要点

(1) 前压腿时，双腿应始终保持绷直、收紧，不能放松、弯曲。

(2) 前压腿时，上身要尽量向长、向远、往下压，不能驼背、往回缩。

(3) 侧压腿时，双腿要尽量从大腿根向外打开。

6. 踢腿练习

预备姿势：仰卧，双腿并拢，双脚伸直，双臂在身体两侧平伸，掌心朝下(见图3-1-24)。

图3-1-24

第一个八拍见图3-1-25。

1—2拍
右腿伸直、左腿
用力向上踢起

3—4拍
轻轻落下，
回原位

5—8拍
重复1—4拍动作

图3-1-25

第二个八拍动作同第一个八拍。

第三、四个八拍动作同第一个八拍，换右腿踢。最后两拍向右侧转，右臂平伸，掌心朝下，头枕在右臂上，左臂屈肘于胸前，掌心朝下扶地板。

第五个八拍见图3-1-26。

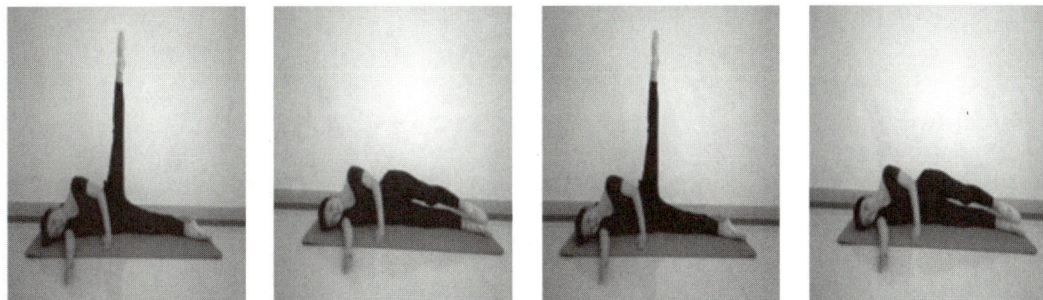

1—2拍
左腿伸直、
绷脚，向左耳
方向踢起

3—4拍
轻轻落下，
回原位

5—6拍
左腿伸直、绷脚，
向左耳方向踢起

7—8拍
轻轻落下，
回原位

图3-1-26

第六个八拍动作同第五个八拍，最后两拍向左侧转身。

第七、八个八拍动作同第五个八拍，换右腿踢。最后两拍左转身平趴于地面，抬头，双手向前双肘撑住地板。

第九个八拍见图3-1-27。

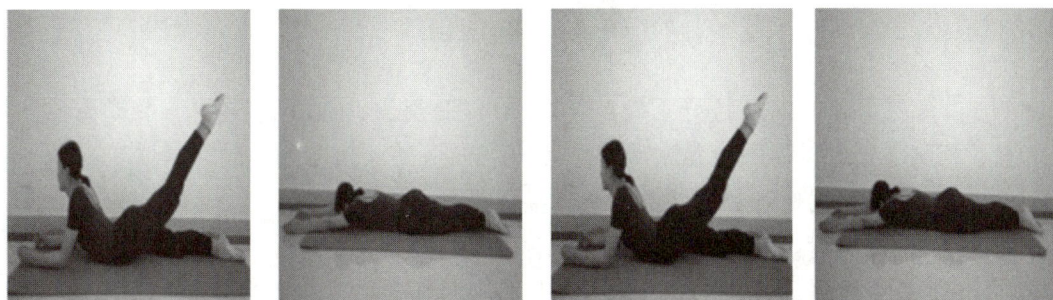

1—2拍
向上踢左腿，
踢腿时要抬头

3—4拍
轻轻落下，
回原位

5—6拍
向上踢左腿

7—8拍
轻轻落下，
回原位

图3-1-27

第十个八拍动作同第九个八拍。

第十一个八拍动作同第九个八拍，换右腿踢。最后两拍将右腿收回成跪立姿势，左腿伸直后点地，双臂与肩同宽伸直撑住地板。

第十二个八拍见图3-1-28。

3—4拍	3—4拍	5—6拍	7—8拍
跪立向上踢左腿，踢腿时要抬头。尽量向高踢	轻轻落下，回原位	跪立向上踢左腿	轻轻落下，回原位

图3-1-28

第十三个八拍动作同第十二个八拍。

第十四、十五个八拍动作同第十二个八拍，换右脚踢。

动作要点

(1) 前踢腿时，保持好正确卧姿，动作腿用力向上踢时，另一条腿要伸直、绷脚尖、收紧，不能跟随动作晃动。

(2) 准备侧踢时，注意转身时身体要保持呈一条直线。

(3) 侧踢腿时，应打开旁腿，将脚背朝上再踢腿。

(4) 跪姿后踢腿，要求上身抬起时尽量碰到腿。

7. 背肌练习

预备姿势：俯卧，双腿并拢，双脚伸直，双臂在头两侧伸直，掌心朝下(见图3-1-29)。

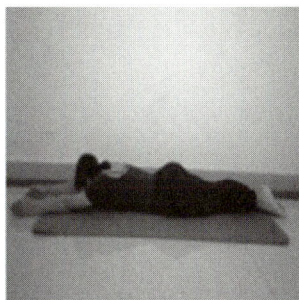

图3-1-29

第一个八拍见图3-1-30。

1—4拍	5—8拍
上、下身同时向上均匀地离开 地面抬起，呈两头翘形态	轻轻落下， 回原位

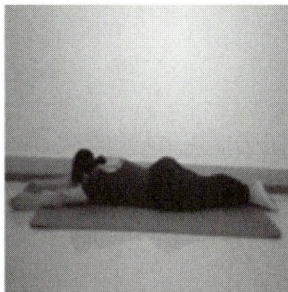

图3-1-30

第二、三、四个八拍动作同第一个八拍。

第五、六、七、八个八拍动作同第一个八拍，只是两拍抬起，两拍落下。

动作要点

(1) 背肌练习在上、下身同时离开地面时，离开地面越高越好。

(2) 练习时保持手、脚伸直，向相反方向延伸。

(3) 落下时应慢而轻。

三、把上练习

1. 连接动作

1) 迎风展翅

迎风展翅(1)：右腿为主力腿，左腿向后打开绷脚抬起。右手臂向前上方伸出，手心向下。左手扶把，眼随右手指出方向看远方。

迎风展翅(2)：腿和迎风展翅(1)一样，只换左手臂向前上方平伸，右手扶把。头转向1点看远方。

2) 吸腿

五位脚开始，动作腿经小腿，沿支撑腿向上吸腿，一般吸到脚尖点在支撑腿膝盖高度。

3) 伸腿

伸腿是连接在吸腿后的延伸动作。吸腿后向前、旁后任何一方向伸腿。支撑腿可以直立，也可以半蹲，但必须在吸腿后渐渐半蹲，动作腿向一方伸出。

2. 基本动作

1) 压脚趾

双手扶把，双脚并拢成正步位站立，脚后跟向上抬，脚趾下踩压脚趾，双脚交替做。

2) 压腿

(1) 前压腿：主力腿脚尖向外打开，身体直立保持胯的平衡。动作腿尽量向外转开，向前伸出轻轻放在把杆上，压腿时用小腹去贴大腿，上身尽量保持笔直，注意绷脚尖。

(2) 侧压腿：左手扶把，右手位于三位，向旁压腿，主力腿外开，动作腿脚背尽量向外打开，收紧臀大肌，旁腰打开，要保持胯的稳定，如图3-1-31所示。

(3) 后压腿：主力腿深蹲，左手扶把，右手臂上举，立半脚尖，向上挺直，身体向后压，如图3-1-32所示。

图3-1-31

图3-1-32

3) 大踢腿

向侧踢腿：双手扶把，左腿向前踢出90°以上，点地还原。向后踢腿：稳住重心，用力向后踢腿，点地收回。左腿后踢腿时方向向后、向上，要准，身体不能前倾，如图3-1-33所示。

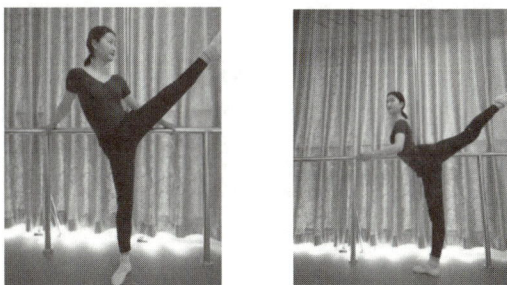

图3-1-33

4) 蹲

身体直立，上半身前屈，脚跟不能离地。慢慢向下蹲，然后还原，如图3-1-34所示。

图3-1-34

5) 擦地

一位站立，脚向前擦地出去，保持外开，两胯外开，双膝绷直，如图3-1-35所示。在擦地过程中注意收紧臀大肌，大腿尽量转开，内侧肌夹紧。向体侧、体后擦地时的要领相同。

图3-1-35

6) 小踢腿

右腿经擦地向前踢出25°左右，收回点地，如图3-1-36所示。动作要有爆发力，停顿准确，脚绷直。向体侧、体后分别做小踢腿动作。

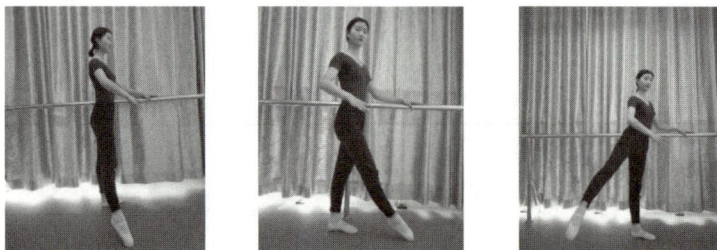

图3-1-36

7) 画圈

以左腿为重心，右腿前擦地向外画圈到体侧做前画圈动作，脚点地，还原时经过旁擦还原，如图3-1-37所示。注意保持腿的外开，两胯放松。后画圈时方向相反。

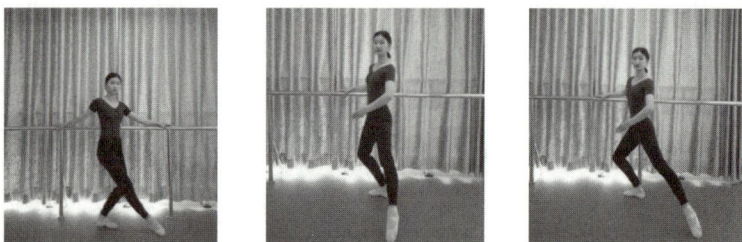

图3-1-37

四、把下练习

1. 擦地练习

预备姿势：右脚在前呈五位站立，手呈一位(见图3-1-38)。

图3-1-38

前奏：后四拍双手从一位经过二位打开至七位，同时右脚向前擦出(见图3-1-39)。

图3-1-39

第一个八拍见图3-1-40。

1拍

收回右脚

2拍

右脚向前擦出

3拍

收回右脚，手放下
回到预备姿势

4拍

左脚向后擦出

5拍

收回左脚，手放下
回到预备姿势

6拍

左脚向后擦出

7拍

收回左脚，回到
预备姿势

8拍

右脚向旁边擦出

图3-1-40

第二个八拍见图3-1-41。

1拍

右脚收回，回到预备姿势

2拍

左脚向旁擦出

3拍

左脚收后五位

4拍

右脚向旁边擦出

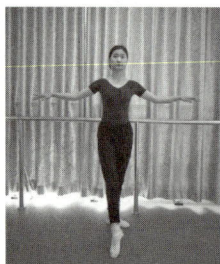   

5拍	6拍	7拍	8拍
右脚收后五位	左脚向旁边擦出	左脚收后五位	右脚向旁边擦出

图3-1-41

第三个八拍见图3-1-42。

1拍	2拍	3拍
右脚收后五位	右脚向旁边擦出	右脚收前五位

4拍	5—6拍	7—8拍
右脚向旁边擦出	二位蹲	转移重心到右脚上

图3-1-42

第四个八拍见图3-1-43。

1—2拍	3拍	4拍	5—8拍
一拍一动，左脚打击两次	左脚收后五位	右脚向旁擦出	同1—4拍，方向相反

图3-1-43

第五个八拍动作同第一个八拍，方向相反。

第六个八拍动作同第二个八拍，方向相反。

第七个八拍动作同第三个八拍，方向相反。

第八个八拍动作同第四个八拍，方向相反。最后手臂经呼吸收回一位。

动作要点

(1) 做反面擦地时，注意不要做成小踢腿。

(2) 最后手臂收回一位时，应用呼吸带动手臂，指尖向远处伸长。

2. 踢腿练习

预备姿势：身体面对1点，右脚前五位站立，手一位(见图3-1-44)。

图3-1-44

前奏：后四拍身体转向8点，双手手臂从一位经过二位打开至五位(见图3-1-45)。

图3-1-45

第一个八拍见图3-1-46。

| 1—2拍 | 3—4拍 | 5—6拍 | 7—8拍 |

1—2拍
左脚用力向上胸前踢，右腿伸直保持不动

3—4拍
左腿轻轻落下，回到"前奏"姿势

5—6拍
右腿伸直，左脚用力向上踢前腿，左腿伸直保持不动

7—8拍
左脚轻轻落下，回到"前奏"姿势

图3-1-46

第二个八拍见图3-1-47。

1—2拍
踢右前脚，左脚伸直保持不动

3—4拍
右脚轻轻落下，回到"前奏"姿势

5—6拍
踢右前脚，左脚伸直保持不动

7—8拍
轻轻落下右脚，同时左手手臂下来到六位，手指尖向前伸

图3-1-47

第三个八拍见图3-1-48。

1—2拍
左腿伸直，用力向
上踢后腿，右腿伸直
保持不动

3—4拍
左腿轻轻落下

5—6拍
左腿伸直、右脚用力
向上和向后踢

7—8拍
右腿轻轻落下

图3-1-48

第四个八拍见图3-1-49。

1—2拍
换左腿后踢，右腿
伸直保持不动

3—4拍
左腿轻轻落下

5—6拍
向后踢左腿，右腿
伸直保持不动

7—8拍
轻轻落下左腿。同时
身体转回正侧，双手
手臂打开

图3-1-49

第五个八拍见图3-1-50。

1—2拍	3—4拍	5—6拍	7—8拍
右腿伸直，左脚用力左侧向上踢腿，右腿伸直保持不动	左腿轻轻落下收后五位	左腿伸直，左脚用力左侧向上踢腿，右腿伸直保持不动	左腿轻轻落下收后五位

图3-1-50

第六个八拍见图3-1-51。

1—2拍	3—4拍	5—6拍	7—8拍
右腿伸直、左脚用力左侧向上踢腿，左腿伸直保持不动	左腿轻轻落下收后五位	身体转向2点方向，同时双手手臂从七位到二位	双手手臂从二位打开至五位

图3-1-51

第七个八拍动作同第一个八拍，方向相反。
第八个八拍动作同第二个八拍，方向相反。
第九个八拍动作同第三个八拍，方向相反。
第十个八拍动作同第四个八拍，方向相反。
第十一个八拍动作同第五个八拍，方向相反。
第十二个八拍动作同第六个八拍，方向相反。最后双手手臂从七位收回到一位。

动作要点

(1) 踢腿时膝盖应尽量伸直，用脚背带动大腿向上踢。
(2) 主力腿要保持好重心，动力腿要绷脚向上踢。

3 一位小跳练习

预备姿势：脚五位站立，双手一位(见图3-1-52)。

图3-1-52

第一个八拍见图3-1-53。

1—4拍	5—6拍	7—8拍
原地向下半蹲	推地跳起，在空中双腿伸直、绷直脚背	落地一位半蹲，再将双腿伸直还原

图3-1-53

第二、三个八拍动作同第一个八拍。
第四个八拍动作同第一个八拍，最后一拍下蹲。

第五个八拍的1—4拍：一拍一跳，连续跳三次，最后一拍半蹲。5—8拍：慢慢将双腿伸直还原，最后一拍下蹲。

第六、七、八个八拍动作同第五个八拍，最后慢慢将双腿伸直即可。

动作要点

(1) 做一位小跳时，必须从半蹲的位置上起跳，半蹲时不允许提起脚后跟。
(2) 起跳要有力推地，在空中时应膝盖伸直，绷直脚背。

4. 五位小跳练习

预备姿势：双脚微屈站立，双手五位(见图3-1-54)。

图3-1-54

第一个八拍见图3-1-55。

1—4拍	5—6拍	7—8拍
原地向下半蹲后恢复直立姿势	双腿推地跳起，双腿伸直绷直脚背在空中经一位互换位置后落地	轻轻落地后立即将两腿伸直还原

图3-1-55

第二、三个八拍动作同第一个八拍。

第四个八拍动作同第一个八拍，最后一拍下蹲。

第五个八拍的1—4拍：一拍一跳，连续三次换脚跳，最后一拍半蹲。5—8拍：慢慢将双腿伸直还原，最后一拍下蹲。

第六个八拍动作同第五个八拍。

第七个八拍一拍一跳，连续八次换脚跳。

第八个八拍的1—4拍：一拍一跳，连续四次换脚跳，最后一拍半蹲。5—8拍：慢慢将双腿伸直还原。

动作要点

(1) 做五位小跳时，不要求跳得高，只需要脚尖刚刚离开地面即可。

(2) 在空中时，应伸直膝盖，绷直脚背，腿经一位互换。

5. 放松练习

预备姿势：双脚交叉站立，双手一位(见图3-1-56)。

图3-1-56

第一个八拍见图3-1-57。

1—2拍	3—4拍	5—6拍	7—8拍
双手一位	双脚交叉站立，双手一位	双手三位	右手向旁打开到五位

图3-1-57

第二个八拍见图3-1-58。

1—4拍

上身向右倾倒，
头向左侧看

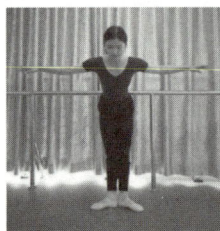

5—8拍

上身和头部恢复到原位，最后
一拍双手向两侧打开

图3-1-58

第三个八拍动作同第一个八拍。

第四个八拍动作同第二个八拍，方向相反。

第五个八拍见图3-1-59。

1—2拍	3—4拍	5—6拍	7—8拍
原地向下半蹲	双腿伸直还原	原地向上立脚尖	双腿伸直还原

图3-1-59

第六个八拍见图3-1-60。

1—4拍

双脚原地向下蹲呈弧形，同时
双手手臂从七位到一位

5—8拍

双臂伸直还原，同时双手
从二位打开到七位

图3-1-60

第七个八拍见图3-1-61。

1—4拍

下身不动，上身向前倾倒

5—8拍

上身进一步做深前屈，
同时双手到三位

图3-1-61

第八个八拍见图3-1-62。

1—8拍

慢慢直起上身

图3-1-62

第九个八拍见图3-1-63。

1—4拍

下身不动，上身向后倾倒

5—8拍

恢复原位

图3-1-63

第十个八拍见图3-1-64。

1—4拍	5—8拍
双手从三位向旁 打开到七位	双手从七位 收回到一位。

图3-1-64

动作要点

(1) 双手到三位时，注意肩膀应放松，不要上抬。

(2) 做放松练习时，仔细体会用呼吸带动身体做动作的感觉。

(3) 上身做深前屈时，应挺胸、背部放松，切忌弓腰驼背。

模块二　形体美感训练

一、民族舞蹈

（一）维吾尔族舞蹈

我国的维吾尔族人民自古以来就居住在我国的西北边陲——新疆，新疆是我国陆地面积最大的省级行政区域之一，有着悠久的文化传统和丰富的文化遗产，其中的歌舞艺术绚丽多姿，因而新疆也被称为著名的"歌舞之乡"。

维吾尔族舞蹈与其他民间舞蹈一样都来自生活。维吾尔族人民的祖先最早居住在我国北方草原，后移居至西域，即今日的新疆，并逐渐由草原游牧生活发展为定居的农业生活。维吾尔族人民在漫长的历史时期中曾先后信奉过萨满、摩尼、佛、伊斯兰等宗教。不同时期的经济生活和宗教信仰在维吾尔族舞蹈中留下了多重文化印迹，使其既有历史中"胡腾""胡旋"舞的古韵，又有萨满教跳神仪式的神韵，还有古波斯、阿拉伯舞蹈的风韵。维吾尔族舞蹈在继承古代鄂尔浑河流域和天山回鹘族乐舞传统的基础上，又吸收了古西域乐舞的精华，历经新疆各族人民长期的艺术创作与完善，形成了深受人民喜爱、具有多种形式和特殊风格的民间舞蹈艺术。

1. 体态的基本特征

强调昂首挺胸、立腰、拔背，给人一种高傲、挺拔、外向的感觉。

2. 节奏的基本特征

维吾尔族舞蹈节奏多用切分音、附点节奏，加强弱拍处的艺术处理。

3. 动律的基本特征

膝部规律性地连续颤动，或变换动作时一瞬间的微颤，使舞蹈动作衔接自然、柔和优美。摇身点颤是维吾尔族女性舞蹈中的一种基本动律。做法如下：右腿为主力腿，微屈膝，右脚旁点为离地做准备。前半拍，左脚拇指内侧点地，右腿直膝，身体重心上移，同时身体左肩带动平摇。后半拍右膝微屈颤动，身体重心还原，左脚离地。动律内在，富有弹性。练习时从叉腰开始，逐步加入常用手位进行摇身点颤动律练习。练习中应做到"挺拔而不僵""微颤而不窜"。

4. 动作的基本特征

颈、头部的摇动，手部的翻腕、绕腕、击腕等丰富多变的动作，特别是"先正看而后低手闭目"的眉眼运用，构成维吾尔族舞蹈风格的重要特点。

5. 基本动作

1) 常用手形

立腕手(女)：手指上翘，拇指接近中指，其余三指自然弯曲。

平手(男)：自然掌形。

2) 手位

一位手：双手侧下举，好似提裙动作，也叫提裙位。

二位手：双手侧平举，手腕立起。

三位手：双手上举于托掌位，也叫双托掌位。

四位手：右手于前手位，手心向外，左手顶手位，也叫托按掌位。

五位手：左手横手位，右手顶手位，也叫顺风旗位。

六位手：左手横手位，右手前手位，手心向外，也叫山傍立腕位。

七位手：双手胸前手位，左手高，右手低，手心向外对2点、8点方向，手指尖对斜上方，也叫双按掌位。

八位手：双臂拉开，中指点于肩上，胳膊肘对3点、7点方向。

叉腰位：双手叉于腰间。

托帽位：一手于头后托帽，一手斜上举。

遮羞位：一手上举于托掌位，另一手在脸外侧立腕低头。

扶胸位：一手扶于胸前，好似敬礼动作。

3) 脚位

正步位：双脚并拢，脚尖向前。

踏步位：一脚脚尖朝斜前方，另一脚在后脚掌点地，略屈膝。

点步位(前、旁、后)：前点步——一脚支撑，另一脚在正前方用脚尖点地；旁点步——一脚支撑，另一脚在旁侧用脚尖点地；后点步——一脚支撑，另一脚在正后方用脚尖点地。

4) 手臂动作

绕腕：手腕绕动一圈，可分为慢绕和快绕两种。

摊手：手心向上，手臂由里向外打开的动作。

捧手：手心向上，手臂由下向上或由外向里的动作。

6. 基本舞步

1) 垫步

小八字步准备。第一拍右脚向左一步，脚跟着地向下碾，脚尖稍离地从右划至左。第二拍左脚向左移动，重复进行。以上为向左侧的横垫步，向右侧横垫步动作相同，方向相反。

2) 进退步

小八字步准备。第一拍前半拍右脚向前迈一步，脚跟点地，后半拍左脚原地踏步一下。第二拍前半拍右脚向后退一步，脚掌踩地，后半拍左脚原地踏步一下。在练习过程中注意保持重心平稳。

3) 三步一抬步

小八字步准备，准备拍的最后半拍右腿小腿自然后抬，身体转向8点方向。第一、二拍右脚起步，半拍一步向前走三步，最后半拍左腿小腿自然后抬，身体转向2点方向。第三、四拍左脚起步，半拍一步向前走三步，最后半拍右腿小腿自然后抬，身体转向8点方向。三步一抬步可直线做、交叉上步做，也可抬步转身做。

错步小八字步准备。第一拍前半拍右脚向前迈一步，脚掌着地，重心前移，后半拍左脚向前上步于右脚后。第二拍右脚再向前迈步，随后左脚起步做错步，动作相同方向相反。

点步小八字步准备。动作时主力腿随音乐节拍原地屈伸(或向任意方向上步)。同时主力腿脚掌随音乐节拍有规律地点地，点地的位置可在主力腿的前、侧、后等。也可以主力腿为轴进行点转，还可做点步移动。动作时要求身体挺拔。

(二) 蒙古族舞蹈

我国的蒙古族人民世代繁衍生息在我国北方辽阔的大草原上，自古就以天地山川和雄鹰为图腾。由于长期受游牧狩猎生活和草原地理环境气候的影响，蒙古族和其他北方民族差异很大，有着强悍、矫健的体魄和桀骜不驯、勇往直前的性格，同时也创造了富有草原文化气息具有游牧民族特色的蒙古族舞蹈。他们的民间舞蹈热情奔放，稳健有力，节奏欢快，具有粗犷、剽悍、质朴、庄重的鲜明特点，洋溢着来自大自然的勃勃生机，呈现出一派豪放与自信的"天之骄子"气概。

1. 体态的基本特征

蒙古族舞蹈体态的基本特征是表演者上身略微后倾，颈部稍后枕，下巴略抬，视线开阔，有置身草原的感觉，这一特征始终贯穿于每一个动作中。蒙古族舞蹈的手形以平手为主，这种手形同样给人以开阔大方之感。

2. 动律的基本特征

蒙古族舞蹈的动律为"趟""拖"特点的步伐和上身"画圆"，它们体现了蒙古民族雄浑、刚毅、端庄稳健的性格特征，肩、臂、腰、腕的画圆在蒙古族舞蹈中十分常见，有着十分重要的意义。为表现蒙古族人民粗犷、剽悍、质朴、庄重的性格，20世纪50年代以后，舞蹈工作者创作出大量典型的蒙古族舞蹈动作技巧如"马步腾跃""正板腰"等，及一些借助实用道具的舞蹈如"筷子舞""盅碗舞"等，给予了舞蹈发展和创新，使其具有很强的技巧性和观赏性。蒙古族历来有"马背民族"之称，游牧民族喜爱飞翔于蓝天的雄鹰，喜爱驰骋在草原上的骏马，蒙古族人民把民族感情、民族特征和来自大自然的灵感都融汇于鹰和马的舞蹈形象上，因此，展现英勇骑士驰骋草原的马和象征男子粗犷气质的雄鹰，都成为蒙古族男子舞蹈的典型形象。

3. 基本动作

1) 常用手形

平手：四指并拢，拇指自然伸直。

空拳：五指握成空心拳。

2) 常用手位

一位手：双臂向斜下方平伸于小腹前，手心向下，双肘略弯曲。

二位手：双臂体前侧下举，手心向下。

三位手：双臂侧平举，手心向下。

四位手：双臂斜上举，手心向下。

五位手：双手于左右胯旁按掌，指尖相对。

六位手：双臂间侧屈肘，指尖触肩。

七位手：双手握空拳，拇指伸出叉腰，手背朝上。

八位手：双手后背于体后按掌。

3) 常用脚位

八字步：两脚呈八字形站立。

踏步：一脚脚尖朝斜前方站立，另一脚在后用脚掌点地。

前点步：一脚八字步，另一脚朝正前方，膝略弯曲打开，脚尖点地。

4) 骑马手臂动作

勒马：手臂在胸前压腕、屈肘、向后拉臂，好似拉缰绳动作。此动作可单手做，也可双手做。

举鞭：一手持鞭高举，一手拉缰绳，也叫扬鞭。

加鞭：一手持鞭由上经前用力向后甩，一手拉绳。

挥鞭：一手持鞭高举于头上轻轻挥动鞭子，一手抖动手腕。

5) 手腕的动作

硬腕：手腕有节奏地提压，或者平行横向左右移动(也叫作横腕)。动作节奏鲜明，富有弹性，并且做法多种多样，可双手同时同向提压、双手同时异向交替提压等。

柔腕：慢节奏、有柔韧地提压手腕或横腕左右移动。

翻转腕：手掌外缘带动向外或向里翻转腕推拉掌。

6) 手臂的动作

柔臂：双肩在体侧交替或同时上下摆动，以肘发力带动肩、大臂、小臂、手腕。动作过程缓慢舒展，犹如连绵起伏的波浪。

转臂：双臂侧平举交替转动手臂。动作要缓慢、深沉，内在用力。

7) 肩的动作

柔肩：双肩节奏缓慢地前后交替移动。动作过程慢而柔，舒展而连贯。

硬肩：双肩节奏鲜明地前后交替移动。动作过程快而干脆，有停顿感。

耸肩：双肩有弹性地同向或交替上下移动。

笑肩：双肩有弹性地起落，松弛灵活，一般连续起落三次为一次笑肩。

甩肩：以肩代臂，潇洒豪放地单肩或双肩交替前后甩动。

抖肩：双肩快速均匀、流畅自如地前后交替抖动。

4. 基本舞步

1) 平步

小八字步准备。第一拍右脚掌拖地向前迈进一步，第二拍左脚拳拖地向前迈进一步，之后重复进行。平步可以在不同方向进行，走平步时上半身要平稳，不要上下起伏。

2) 踏蹍步

小八字步准备。第一拍右脚向右侧画弧迈步，由脚掌过渡到全脚着地，屈膝，同时左腿屈膝，脚离地，身体重心下沉。第二拍左脚掌踏在右脚后，左腿伸直，同时右脚离地。之后重复进行。踏蹍步时第二拍一直是前脚掌着地，每一步身体都要随之有弹性地上下起伏。

3) 碎步

正步准备。动作时，双脚立踵、双脚有节奏地交替快速均匀地小步行进或原地转动等。膝关节要放松，步子要稳健而细碎、快速而灵活。

4) 走马步

右脚在前的丁字步准备。第一拍右脚通过提膝伸小腿向前方迈一小步，由脚掌着地过渡到全脚着地、重心前移。第二拍左腿通过提膝伸小腿向前迈一小步，由脚掌着地过渡到全脚着地、重心前移。之后重复进行。此步法可在移动中进行，也可在原地进行。

5) 踩掌步

正步准备。第一拍的前半拍，右脚向右前迈出呈弓步，同时脚掌着地脚跟抬起、重心前移；后半拍脚跟踩地。第二拍的前半拍，左脚向左前迈出呈弓步，同时脚掌着地、脚跟抬起、重心前移；后半拍脚跟踩地。踩掌步还可以在正步的基础上进行。

6) 跑马步

正步准备。左右腿交替前踢跳落，一般为半拍一步。

(三) 藏族舞蹈

我国的藏族人民主要居住在青藏高原上，是一个历史悠久的古老民族。高原人民在生活劳动中创造了特有的艺术形式，"一顺边"是高原型农牧文化民间舞蹈的特征。"一顺边"就是我们俗称的"顺拐"，是以腰部为主要动作延伸而成的独特的动律。藏族民间舞蹈中，松胯、弓腰、曲背(前微倾)等是常见的基本形象。

1. 基本手位、脚位

1) 手位

垂肩：双手自然下垂在胯旁。

扶胯：双手扶在胯部略前方。

2) 脚位

自然位：双脚八字位自然站立。

丁字位：一脚八字位，脚跟靠在另一脚窝处。

2. 基本动律

颤是藏族舞蹈的精华元素。通过颤的练习使舞者能初步松弛地运用膝关节。方法：双腿并拢，脚自然位，膝部微微颤动。屈伸以上身和腿部的屈伸为主，流动性强。

(四) 朝鲜族舞蹈

我国的朝鲜族，保持着尚白、敬老、重礼节、喜洁净的习俗，其民间舞蹈以潇洒、典雅、含蓄、飘逸而著称。朝鲜族舞蹈有典雅优美、潇洒柔婉、刚劲跌宕的特色，基本体态特征是垂肩、含胸、蓄腰、气息下沉、松弛，透出一种外松内紧的含蓄美。

1. 基本手位

食指、中指自然伸直，无名指、小指自然微屈，大拇指接近中指。

围手：双手围着身体从前划到后。

斜下手：双手胯旁做提裙位。

平开手：双手平举。

斜上手：双手斜上举，手心向下。

扛手：双手上举，手肘微弯，手心向上。

2. 基本脚位

自然位：两脚稍分开自然站立。

基本位：一脚脚尖朝斜前方，另一脚在后，膝略弯曲，脚尖点地。

大八字位：两脚分开站立，脚尖朝斜前方。

前丁字位：一脚八字位，脚跟靠在另一脚窝处。

二、形体舞蹈

形体舞蹈是身体各部位协调运动所形成的各种富于节奏感、表现优美造型的韵律动作。它包括了形体身韵、形体舞姿等内容，在形体舞蹈训练初期，以身体各部位基本姿态的规范训练为主，强调全身各关节的柔韧性和灵活性，并通过各种训练，掌握身体各部位协调运动的方法，培养优美的姿态。

模块三　常见的形体缺陷与矫正方法

学习目标

◎ 正确对待常见的形体缺陷

◎ 学会针对形体缺陷的矫正方法

一、头颈部前伸

1. 头颈部前伸的形成原因

头颈部前伸的形体缺陷主要是由于学生长期采用不正确的学习姿势。其表现为站立和坐立时，颈部过分前伸，颈部与头部不能与肩部保持在一条直线上，如图3-3-1所示。

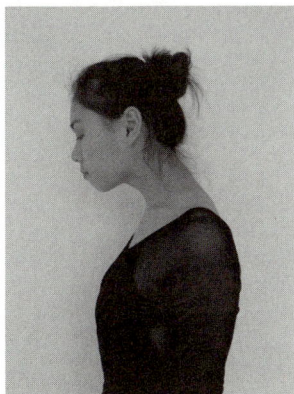

图3-3-1

2. 头颈部前伸的矫正方法

(1) 颈屈伸展。站立或坐立，屈颈使下颌贴近颈前部，保持下颌内收；颈向后收至极限，然后做向后倒头的动作，再收至还原，如图3-3-2所示。

注意：不能使下颌向下运动。按图示姿势做伸颈的动作，保持几秒钟，然后放松，重复5～10次。

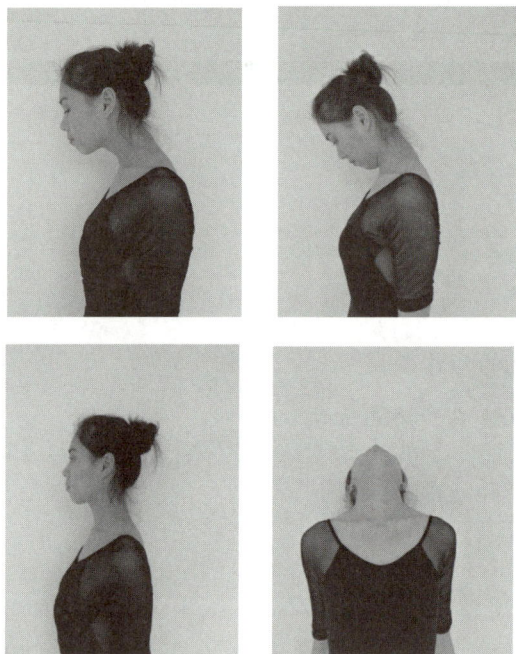

图3-3-2

(2) 靠墙立颈。双脚距离墙30～50厘米靠墙站立，紧收下颌；头颈部尽力贴靠墙面，坚持几秒钟，放松，如图3-3-3所示。重复5～10次。

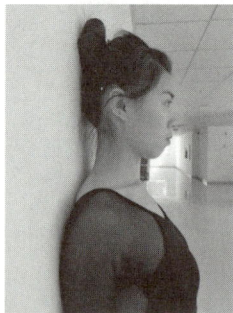

图3-3-3

(3) 颈绕环。站立或坐立，360°绕环颈。顺时针绕环5～10次，然后逆时针再绕5～10次，绕环时收紧下颌，如图3-3-4所示。重复做3组。

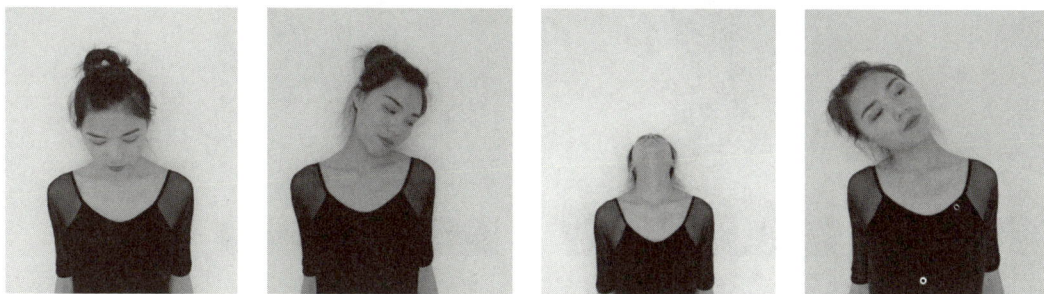

图3-3-4

(4) 屈腿仰卧。屈腿仰卧，全脚掌着地。颈后伸时迫使头颈着地，并且使背部平贴地面，如图3-3-5所示。保持5秒，重复5～10次。

(5) 前屈压肩。两臂上举，躯干前屈，用手扶墙或把杆，胸部向下用力压，保持几秒，使压力置于肩部伸肌上，如图3-3-6所示。重复10～20次。

图3-3-5   图3-3-6

二、高低肩

1. 高低肩的形成原因

两肩高低不平是因为经常用同一侧的肩膀挎包、扛东西或用同侧手提重物，使一侧的肩部常处于紧张状态，久而久之，一侧的肩部形成明显斜肩，从而导致两肩不平。

2. 高低肩的矫正方法

(1) 双肩上提。面向镜子站立，双手下垂于体侧，要求身体挺拔直立，如图3-3-7所示。双肩向上提，吸气，使双肩保持在一个水平面上，如图3-3-8所示。停留10～30秒，然后沉肩。重复10次为一组，共练习3组。

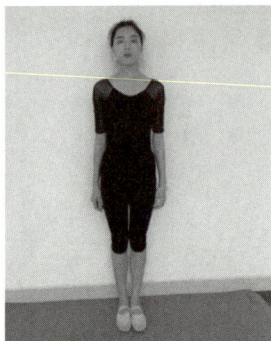
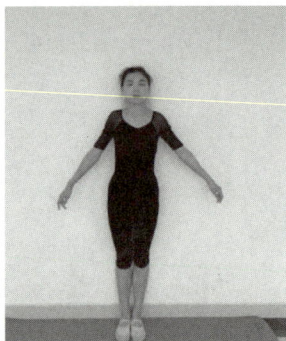

图3-3-7   图3-3-8

　　(2) 单肩上提。面向镜子站立，身体正直。低肩的一侧手斜下摆做提肩练习20次，另一只手自然下垂，如图3-3-9所示。反复练习3组。

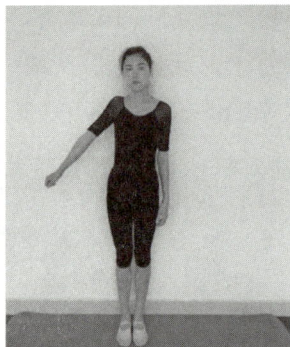

图3-3-9

　　(3) 单肩侧绕。面向镜子自然站立，低肩的一侧手向侧绕至单臂侧上举，另一只手叉腰，如图3-3-10所示。重复15次为一组，共练习3组。

图3-3-10

三、驼背

1. 驼背的形成原因

造成驼背的原因在于：平常不注意保持正确的身体姿势，背部肌肉不主动用力，致使背部肌肉松弛无力，如图3-3-11所示。

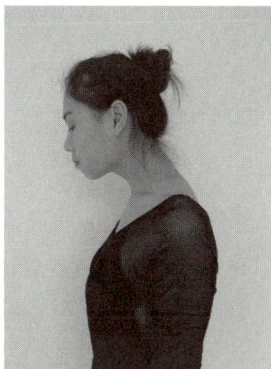

图3-3-11

2. 驼背的矫正方法

（1）前屈压肩。双臂上举后躯干前屈，用手扶墙或把杆，胸部向下用力压，保持几秒钟，同伴帮助其向下沉压，使压力置于肩部伸肌上，如图3-3-12所示。

（2）扶墙压肩胸。双腿开立，面向墙面，双手上举，手扶墙面，腰部下塌，头向后仰起，将胸部贴到墙面上，如图3-3-13所示。保持15秒为一组，共练习3组。

图3-3-12   图3-3-13

（3）后握振臂。双脚并拢，自然站立，双手于体后相握，双臂向上摆动，同时注意收腹、挺胸、抬头，如图3-3-14所示。重复15次为一组，共练习3组。

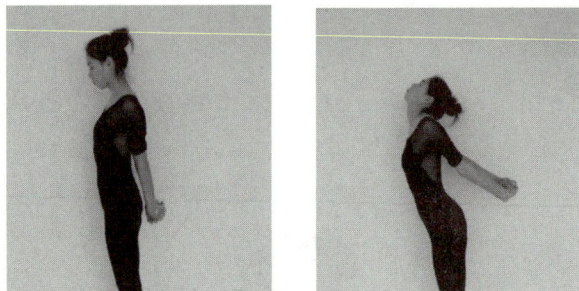

图3-3-14

(4) 平屈扩胸。双腿并拢，自然站立，双手握拳。双臂于胸前平屈向后扩胸，同时双肩向两侧打开，肘关节尽量端平，如图3-3-15所示。重复20次为一组，共练习5组。

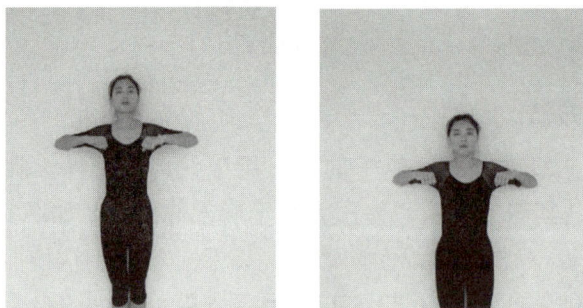

图3-3-15

(5) 俯卧两头起。俯卧在垫子上，头、胸、腿同时向上抬起，使身体呈背弓形，控制5～8秒；吸气，还原，如图3-3-16所示。15～20次为一组，共练习2组。

图3-3-16

四、塌腰

1. 塌腰的形成原因

塌腰主要是由于没有养成收腹立腰的习惯，使腰椎长期处于负重状态，加大了腰椎的正常的生理弯曲，如图3-3-17所示，久而久之形成"塌腰"的不良姿态。

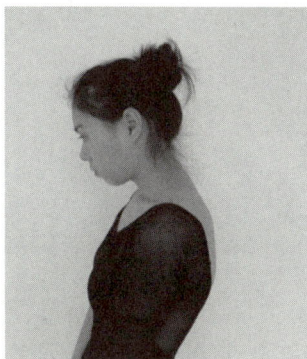

图3-3-17

2. 塌腰的矫正方法

（1）仰卧屈体。由仰卧开始做收腹举腿至屈体的动作，使髋部和躯干成10°～20°的夹角，颈部与头部要贴近地面，如图3-3-18所示。保持5～10秒，重复5～10次。

（2）骨盆前倾斜。站立时，髋骨前顶，支配髋部伸肌产生大范围的收缩，并静止5秒，然后还原，如图3-3-19所示。重复5～10次。

图3-3-18

图3-3-19

（3）猎猫。跪撑于地面，含胸低头，使脊柱向上拱起并保持5秒，然后还原，如图3-3-20所示。重复5～10次。

（4）屈腿仰卧起。仰卧，脚掌着地，屈髋和膝，同时颈部也向前慢屈，使背部抬离地面，背部与地面成45°夹角，如图3-3-21所示。重复5～20次。

图3-3-20 　　　　　　　　　　　图3-3-21

（5）仰卧举腿。仰卧于地，双手勾握一牢固物体，然后屈腿，使大腿和髋关节、大腿和小腿各成90°夹角后，将腿上举使背部离开地面，保持5～10秒，如图3-3-22所示。重复5～10次。

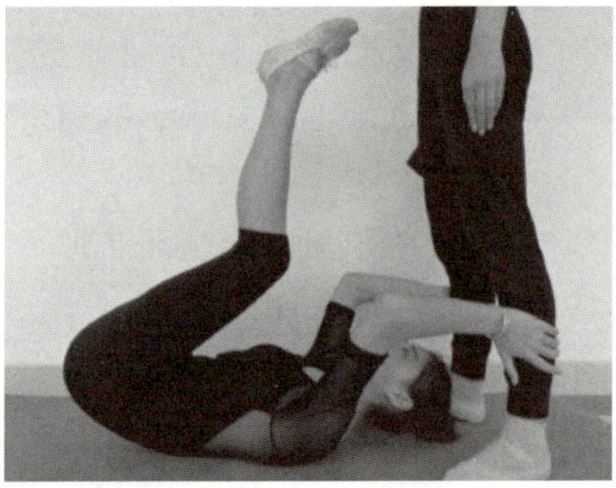

图3-3-22

五、脊柱侧弯

1. 脊柱侧弯的形成原因

脊柱侧弯是指人的脊柱往一侧弯曲或倾斜，普遍表现为两肩高低不平，腰侧凹不对称，同侧背部隆起等，如图3-3-23所示。形成的主要原因是身体长期侧向屈体，例如学习时左手臂不放桌上、写字时扭转身体伏案书写等，长此以往就会造成脊柱侧弯。

图3-3-23

2. 矫正方法

(1) 体侧屈。双脚开立，自然站立，脊柱侧弯一方的手臂向另一侧下腰，同时另一手臂在腰后；脊柱向相反方向最大限度下侧腰，控制5～8秒，还原，如图3-3-24所示。重复15次为一组，共练习3组。

图3-3-24

(2) 转体。双脚开立，双手握拳，弯曲双臂，胸前平举；扭转躯干，向脊柱突出的方向做转体运动，如图3-3-25所示。动作过程中要注意双腿伸直，双脚不要离开地面。反复练习20次为一组，共练习3组。

图3-3-25

(3) 跪立后举腿。跪立，双手在体前撑地，将脊柱侧弯曲一方的腿用力向后上方抬起；抬腿时挺胸、抬头，动作要快；停留8～10秒，控制时后腰肌用力收紧，然后还原，如图3-3-26所示。重复练习20次为一组，共练习3组。

图3-3-26

六、"O"形腿

1. "O"形腿的形成原因

"O"形腿是由于遗传或大腿内收肌群力量薄弱所造成的膝关节内翻现象。判断方法为：双脚踝部并拢，双膝不能靠拢；双膝间距3厘米为轻度，3厘米以上为中度，5厘米以上为重度，如图3-3-27所示。越年轻矫正效果越显著。

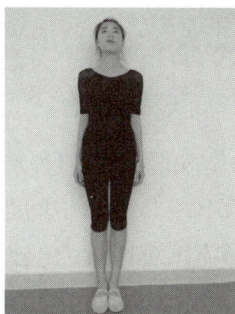

图3-3-27

2. 矫正方法

(1) 双脚开立，上身前倾；双手扶于膝关节向内用力并下蹲，蹲时要大腿贴住小腿，控制5～8秒，重复练习10～15次为一组，共练习3组。如图3-3-28所示。

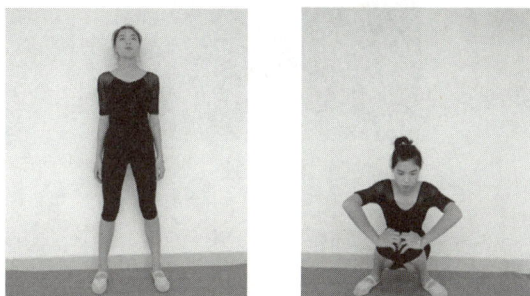

图3-3-28

(2) 跪坐，双脚分开；双手扶膝关节处用力向下压膝，压膝时两脚着地，如图3-3-29所示。停留20～30秒，重复练习10次为一组，共练习2组。

(3) 双手扶把杆，双脚并拢，双膝用力夹紧，双脚立踵上提，停留10秒；为增加夹紧的程度，双膝间可夹一物体，保持所夹物体不掉落，物体的厚度可逐渐递减，如图3-3-30所示。重复练习10次为一组，共练习5组。

图3-3-29　　　　　　　　　图3-3-30

七、"X"形腿

1. "X"形腿的形成原因

"X"形腿，是指股骨内收内旋和胫骨外展外旋所形成的一种骨关节异常现象。判断方法：站立，两膝并拢而两腿不能并拢，中间距离为1.5厘米以上的均属"X"形腿，如图3-3-31所示。矫正"X"形腿困难较大，但长期坚持练习，也有很好的效果。

图3-3-31

2. 矫正方法

(1) 坐立，双腿分开至最大限度，双脚掌相对，双手扶膝，用力向下压膝，如图3-3-32所示。停留5秒，重复练习10～15次为一组，共练习5组。

(2) 坐立，双腿伸直，并拢；右腿屈膝，右脚放在左膝上。左手托住右脚腕向内用力，右手扶右膝向下用力压膝，压至最大限度，然后还原，如图3-3-33所示。每条腿重复练习15～20次后换另一腿练习为一组，共练习4组。

图3-3-32　　　　　　　　图3-3-33

(3) 站立，双手扶把杆，双脚夹物体，立踵上提；双膝尽量保持并拢，双脚用力向内夹物体，双足最大限度立踵，如图3-3-34所示。重复练习10次为一组，共练习3组。

图3-3-34

八、八字脚

1. 八字脚的形成原因

"八字脚"是由于个人的不良习惯所造成的。"八字脚"分为两种，有"内八字"和"外八字"之分。走路时如果两脚尖向外撇称为"外八字脚"；走路时如果两脚尖向内扣称为"内八字脚"，如图3-3-35所示。

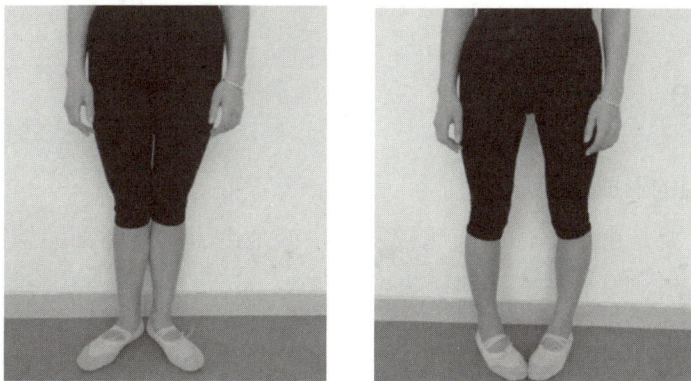

图3-3-35

2. 矫正方法

(1) 平时走路时，应该注意自己的膝盖和脚尖是否正对前方。也可画一条线练习走路时脚尖落在正前方，如图3-3-36所示。

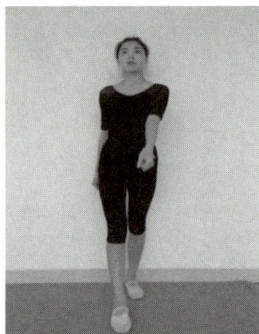

图3-3-36

(2) 双腿开立，双脚平行，双膝弯曲半蹲，后提踵，有意识地在空中将脚后跟内收，使脚尖正对前方，如图3-3-37所示。重复练习10次，共练3组。

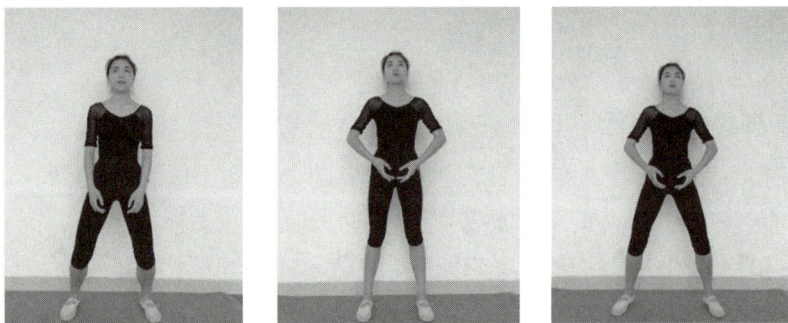

图3-3-37

九、大腿过粗

1. 大腿过粗的形成原因

大腿过粗主要是由于腿部肌肉比较发达，或是由于缺乏腿部锻炼而引起皮下脂肪较多。

2. 矫正方法一

(1) 前踢腿：仰卧于地面，双腿并拢，双手放于体侧，右腿向上踢起，在空中停留5秒，如图3-3-38(a)所示，重复练习20次。再换左腿做完为一组，共练习3组。

(2) 侧踢腿：侧卧于地面，双腿并拢，双手放在体前，右腿向上踢起，在空中停留5秒，如图3-3-38(b)所示，重复练习20次。再换左腿做完为一组，共练习3组。

(3) 后踢腿：跪立，双手掌撑于地面，左腿伸直点地后向上踢起，在空中停留5秒，如图3-3-38(c)所示，重复练习20次。再换右腿做完为一组，共练习3组。

要求：前、侧、后踢腿时尽量迅速抬起，膝盖不能弯曲，双脚绷直，不能停顿，连续完成。

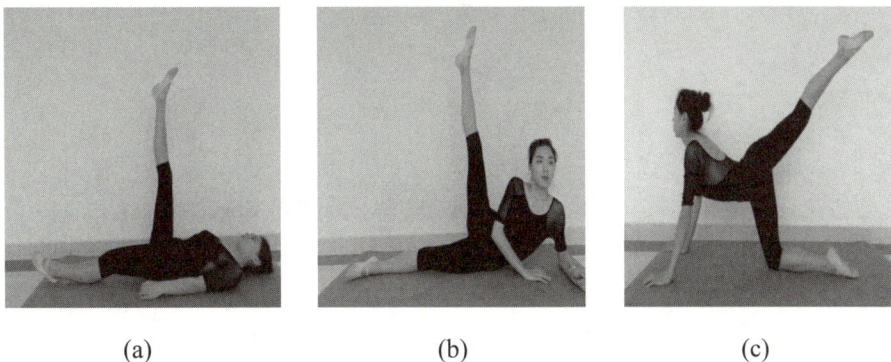

(a)　　　　　　　　　(b)　　　　　　　　　(c)

图3-3-38

3. 矫正方法二

仰卧，双腿伸直，然后双腿缓慢向上弯曲，大腿尽量贴近胸部；慢慢向上伸直双腿直至与身体垂直，然后还原，如图3-3-39所示。

要求：双腿夹紧，尽量控制姿势，匀速进行。重复练习15次为一组，共练习3组。

图3-3-39

3. 矫正方法三

仰卧，双腿伸直；双腿向上抬起3厘米，控制住；右腿弯曲贴近胸部，右腿伸直时换左腿，反复练习，如图3-3-40所示。

要求：腹部用力，上半身挺胸抬头，双腿尽量伸直。重复15次为一组，共练习2组。

图3-3-40

十、服饰修饰

形体缺陷可以通过练习矫正，如果能够恰到好处地运用服饰进行修饰会获得更好的效果。

1. 大腿粗

适合：下身较宽的裙子、百褶裙、A字裙、拖地的长裙和长裤等，还可以选择腰处多有皱褶且腹围宽松的款式，大腿部位自然宽松可掩盖粗腿。

不适合：紧身裤和下身太窄的款式，如包身裙、短裙。

2. "O"形腿和"X"形腿

适合：裤、裙长最少在膝盖以下为宜，或直接穿长裤或宽裤。

不适合：紧身裤、直筒裤。

科学健身篇 第四单元

模块一　健康与肥胖

📖 学习目标

◎ 正确认识肥胖

◎ 了解科学美体的原则

一、如何认识肥胖

年轻的姑娘和小伙子常常会为日渐"丰满"的体型发愁，中老年人更是视肥胖如大敌。近几年，"肥胖儿"的不断增多，也成了令家长们焦虑的热门话题。世界卫生组织肥胖研究小组负责人费里·詹姆斯博士指出："胖子人数现在正以每5年一倍的速度增加，像海浪一样向我们涌来。"难怪有人认为肥胖已成为现代社会中的一大"公害"。

从美学的角度来判断胖瘦的美，往往因为时代背景与文化的不同而存在着差异。当前社会的时尚之美是瘦，骨感美成了许多年轻人追求的目标，随着越来越多爱美的年轻人匆匆加入减肥者的行列，盲目减肥已成为社会上存在的普遍问题。要引导年轻人形成理性的健美观，首先应把对肥胖的认识建立在科学的基础之上。

二、标准体重的判断及肥胖的标准

1. 标准体重的判断

判断一个人是否肥胖并不是一件简单的事，它不像身高可以通过丈量便知分晓。单纯靠称体重也解决不了这个问题。研究表明通常人长得高体重就重，长得矮体重就轻，体重与身高总是存在着密切的关系。也就是说不同身高的人大都有与之相称的体重。我国成年人身高与体重的对照见表4-1-1。

表4-1-1　我国成年人身高与体重对照表

男			女		
身高/厘米	体重均值/公斤	体重范围/公斤	身高/厘米	体重均值/公斤	体重范围/公斤
170	63.6	60.7～66.5	160	52.5	49.8～55.2
173	65.7	62.5～68.8	163	54.1	51.1～57.0
175	67.5	64.3～70.6	165	55.7	52.5～58.8
178	69.3	66.1～72.4	168	57.7	54.3～61.1
180	71.3	67.9～74.7	170	59.5	61.1～62.9
183	73.4	69.7～77.0	173	61.3	57.9～64.7
185	75.4	71.5～79.2	175	63.1	59.7～66.5
188	77.4	73.3～81.5	178	65	61.6～68.4

2. 肥胖的标准

首先，我们要清楚什么是"肥胖"。"肥胖"是指由于体内脂肪堆积造成的体重增加。有人把体重较重看作肥胖，这是片面的。我国肥胖研究人员一般采用超过标准体重的百分比来判定肥胖程度，他们利用统计学的方法，把身高和体重的这种关系用公式的形式表现出来，见表4-1-2。

什么是肥胖度?肥胖度就是肥胖的程度，通常用下面的公式来计算：

$$肥胖度 = \frac{实际体重 - 标准体重}{标准体重} \times 100\%$$

表4-1-2　肥胖度评价表

序　号	肥胖度	评　价
1	<-40	极度消瘦，极度热量不足
2	<-30	重度消瘦，重度热量不足
3	<-20	中度消瘦，中度热量不足
4	<-10	偏瘦，热量不足
5	10	正常
6	>10	偏胖，热量过剩
7	>20	中度肥胖，中度热量过剩
8	>30	重度肥胖，重度热量过剩

经过我国专家学者认定，由中国军事科学院等单位提出，我国成年人理想体重的计算方法是(其中身高以厘米计算):

长江以北的北方人的理想体重:

$$理想体重(公斤) = (身高 - 150) \times 0.6 + 50$$

长江以南的南方人的理想体重:

$$理想体重(公斤) = (身高 - 150) \times 0.6 + 48$$

三、产生肥胖的原因

经专家学者研究证明，产生肥胖的主要原因是人体摄入的热量超过消耗的热量。

1. 遗传因素

有学者研究发现：如果父母体重正常，他们子女的肥胖发生率只占10%左右；如果父母中一方肥胖，其子女的肥胖发生率就会增至40%～50%；如果父母双方都胖，其子女的肥胖发生率会增至70%～80%。遗传学研究中还发现，人类肥胖的遗传率在40%～80%之间，也就是说一个人肥胖与否有40%～80%是遗传的，后天可以控制的占20%～60%。

我国学者研究发现，虽然由于遗传体质的不同，有些人更容易发胖，但通过运动，尤其是"运动＋饮食"控制的方法可以大大降低他们的肥胖率。

2. "消耗"减少

通常造成单纯性肥胖的基本原因是"吃得多，动得少"，其中"动得少"是关键。美国学者近年来研究发现，虽然与原来相比，在摄取热量方面男子减少了10%～15%，女子减少了5%～10%，食物中脂肪含量也减少了许多，但美国人的平均体重并没有因此下降。通过对350名肥胖者进行研究，发现其中67.5%的人平时活动很少。研究人员观察了肥胖学生及正常学生在体育课上的运动情况，发现肥胖学生在大部分时间里都站着不动，而体重正常的学生在体育课上则非常活跃，大部分时间在从事剧烈的运动。美国著名营养学家梅耶曾对28名肥胖的女学生做过调查。这些姑娘肥胖的原因是不好动，一般常参加运动的学生体力消耗是她们的两倍。以上材料表明身体肥胖的一个重要原因是缺乏体育运动。

3. 精神因素

控制我们食欲的是位于下丘脑的两个神经中枢——饱食中枢和饥饿中枢。有人在情绪激动时，因为神经兴奋刺激到饥饿中枢，使得食欲旺盛并造成过度进食，引起肥胖。有人精神忧虑或情绪不好，则会借助大量进食以发泄不满、获取慰藉。

4. 病理性因素

人类身体的一些疾病带来的影响也会造成肥胖。如下丘脑性肥胖、高胰岛素性肥胖以及肿瘤压迫影响饱食中枢出现的过食肥胖。此外，由于服用某些激素类药物、抗精神病类药物或服用避孕药物不当等，也可导致肥胖的发生。

导致肥胖的不良饮食习惯

人们在日常生活中会有一些不良的饮食习惯，它们都是造成肥胖的原因之一：
- 一天喝两瓶以上的果汁或饮料。
- 喜欢吃西餐。
- 喜欢吃肥肉。
- 喜欢吃火锅和酸辣重口味的食物。
- 吃饭速度很快、饭量大，餐后一定吃甜点。
- 午餐后很快进入午休。
- 喜欢熬夜，并且有吃夜宵的习惯，用餐后1小时内就睡觉。
- 包里总是有饼干、糖果。家里常备有点心或甜品之类的食物。假期里喜欢待在家里躺着并且经常吃零食。
- 曾有过减肥成功却又反弹的经历。
- 没有运动习惯，每天以坐为主。

5. 减肥瘦身的误区

人们对肥胖成因的误解，令一些爱美人士用尽方法减肥却始终徒劳无功。导致肥胖的原因多种多样，然而若轻信一些错误观点，运用错误的纤体瘦身方法，反而会使减肥行动事倍功半。

(1) 不吃早餐、晚餐，只吃午餐。有些人误以为不吃早餐、晚餐能减少热量的摄入，从而达到减肥的目的，殊不知这种行为对人体伤害极大，无益健康。

(2) 节食。任何时候少吃都是减肥的必要前提，但是少吃不等于不吃。极端的节食会造成厌食症，影响身体各方面机能，也失去了减肥的真正意义。

(3) 不吃任何有营养的食物。有些人不吃含有丰富蛋白质的肉、蛋、鱼、淀粉等，认为这些食物会增加体内脂肪，只吃水果和未烹饪的蔬菜等。这样会导致人体必需的营养和热量摄入过少。

(4) 固定食谱。有些人尽管每日三餐有保证，但不敢变化食谱，这样做固然减少了一些热量的摄入，但久而久之会使身体缺少全面的营养成分，对健康有害无益。

(5) 以药物代替天然食品。用营养品和维生素类药物代替日常饮食中应该摄取的营养。

(6) 药物减肥。有些人喝减肥茶、吃减肥药，确实能使身材变得苗条一些，可一旦药物停止，反弹更快。

只想减肥、不想锻炼的观点和以上几个减肥误区对女性的身体健康极为不利。运动才是针对肥胖最行之有效的方法。

四、制定瘦身计划

1. 制订瘦身计划的步骤

(1) 瘦身之前要进行全面的身体检查。

(2) 测量肥胖程度。体重在标准体重±20%范围以内者，没有减肥的必要。只要纠正饮食习惯，使体重不再增加就可以了。如果体重超过标准体重20%以上，就必须从确定目标体重开始减肥。

(3) 制订瘦身计划。

2. 制订瘦身计划的原则

(1) 针对性原则。每个人形体状况各不相同，进行形体训练时，要根据自己的实际情况科学地制订训练计划才能取得良好的效果。为了减肥瘦身成功，刚开始不能把目标定得太高而不切实际，要具有针对性。例如：一个体重70公斤的人把最初的目标定为减掉体重的10%(即7公斤)，达到63公斤就比较合理可行。这样一来，既没有把目标定得太脱离实际而难以实行，又有可能第一次就减肥成功。突破第一关后，就可以制订第二阶段的减肥目标，减掉体重的20%。如果效果良好，再考虑下一步的减肥目标。因此，我们可以参考表4-1-1找出自己身高对应的体重数值作为减重的最终目标。表中所说的理想体重只是所有人共同的大致目标，而不是每一个人减肥的确切目标。训练者可以参考选择。

(2) 循序渐进原则。人的形体塑造是一个变化的过程。训练负荷的安排要由易到难、由简到繁、由小到大地逐步提高，从而使形体始终朝着自己理想的方向发展。但并不是所有人都能顺利地减肥。有些人刚开始瘦身时，运动量虽然很大但体重却无法减下来；也有些人因效果不好而灰心丧气放弃减肥。合理安排运动计划，不追求过高而无序的运动量，循序渐进的减肥方法才是可行的。

(3) 全面性原则。人体是一个有机的整体，各个器官有机地联系在一起。因此训练者的训练内容与方法要具有多样性和全面性，这样才能使身体机能得到全面增强，使形体更加完美匀称。

(4) 不间断原则。人的形体变化不是一朝一夕之事，也不是一劳永逸之功，而是长时间训练量的积累，是坚持不懈的结果。贵在坚持，是每一位形体塑造者要牢记的。

模块二 有氧运动

学习目标

◎ 懂得有氧运动的原理

◎ 学会科学健身的方法

一、什么是有氧运动

现代化的高楼大厦仿佛成了一个个金丝鸟笼，把人类与自然隔开很远。现代人成了上满发条的机器一刻不停地运转着，因此一些"文明病"也随之而来。运动不足加营养过剩，已成为造成"文明病"的重要原因之一。长久以来人们一直在寻找治疗"文明病"的良方。1968年，美国太空总署医生库珀博士在专门为宇航员设计有氧体能训练计划时发明了有氧运动，成为美国著名的健身运动专家。

什么叫Aerobics？

"Aerobics"是有氧运动的英文名。它是一个集合的概念，是一种以有氧供能为主的运动方式。它的特点是运动强度低、时间长，主要靠糖原和脂肪的有氧分解供能。它可以通过提高练习者的有氧耐力来达到减脂的目的。

长跑、健身操、跳绳、游泳、骑车等，只要是符合有氧运动特点的都可称其为有氧运动。

二、如何确定有氧运动量

有氧运动量的大小会直接影响有氧运动的效果，运动量过大会使人过度疲劳，甚至伤害身体健康。

一般人容易把运动量理解为跑步的距离、跳操的时长等数量因素，但这只是运动量中的一部分。

运动量应包括数量、强度、密度等因素，对于进行有氧运动的人来说，必须把握好数量与强度两个因素之间的关系，才能达到有氧运动训练的预期效果。

有氧运动的强度一般使用最大摄氧量的百分比来计算。但最大摄氧量的测定很不方便，相关学者从大量的实践及研究中发现心率的快慢和最大摄氧量总是成正比，也就是说心率越快，最大摄氧量的百分比就越大(如表4-2-1所示)。当训练结束后，立即计出10秒的脉搏数，再乘以6得出每分钟的心率，便可查出相对应的运动强度。

表4-2-1　不同年龄组、不同心率和运动强度对照表

		不同年龄组的心率(次/分钟)						
		8～12岁	13～17岁	18～29岁	30～39岁	40～49岁	50～59岁	60岁以上
运动强度	100%	195	190	190	185	175	165	155
	90%	180	175	175	170	165	155	145
	80%	170	165	165	160	150	145	135
	70%	160	155	150	145	140	135	130
	60%	150	150	140	140	135	130	125
	50%	145	140	135	135	130	125	120
	40%	140	135	130	130	120	120	115
	30%	135	130	125	120	115	110	110
	20%	130	125	120	115	110	105	105
	10%	125	120	115	110	105	100	100

训练者可以根据自己运动后即刻的心率，在表4-2-1中查到自己的运动强度，再加上运动的时间就可在表4-2-2中找到自己这次训练的运动量了。例如：一位20岁的健身爱好者想用中等运动量进行训练，就可用60%的运动强度(心率140次/分钟)运动30分钟，或用50%的运动强度(心率135次/分钟)运动60分钟。

表4-2-2　运动强度、运动时间和运动量对照表

		不同运动时间对应的运动强度(%)						
		5分钟	10分钟	15分钟	20分钟	30分钟	45分钟	60分钟
运动量	大	90	85	80	75	70	65	60
	中	85	75	70	67	60	55	50
	小	70	65	60	55	50	45	40

　　注意：缺乏运动的人应当从小运动量开始训练，经过一段时间的适应再按照表4-2-1和表4-2-2中对应的运动量进行训练，这样才不会造成身体不适，更有利于长久地坚持训练。

三、有氧运动应当注意的事项

　　(1) 因人而异选择项目。在进行有氧运动时，训练者可以根据自身特点和场地设施的条件来选择适合自己的运动项目，但一定要注意运动量和运动时间。

　　(2) 连续不间断。在进行有氧运动时，应尽量保持运动的连续性。在训练过程中尽量保持心率在有氧运动的心率范围内。

　　(3) 全身训练与针对性训练相结合。有氧运动持续的时间较长，如果长时间进行一个动作的练习，会增加训练者身体局部的负担。应注意在全身训练原则的基础上，结合针对性的训练。

　　(4) 持之以恒长久坚持。有氧运动应当长久坚持才能见到实效。每个星期应当坚持训练3～4次以上才能保证有氧运动的效果。

模块三　日常生活中的训练方法

学习目标

◎ 会制定身体训练计划

◎ 学会日常生活中的训练方法

一、训练方法介绍

日常生活中的训练内容都是基于一个最简单的训练方法——身体对抗性训练。那么什么是身体对抗性训练呢？它也被称为等长训练，是基于肌肉的收缩和舒张、肌肉力量相互对抗而使得肌肉匀称结实的训练，即使肌肉在静力练习中慢慢地、自然地绷紧和强壮。

1. 训练体验

将双手相握，双手各自向相对方向加力，如图4-3-1所示。当加力时会感觉到上臂肌肉正在紧张地收缩，同时胸肌也在用力。这种用力并没有改变肌肉的长度，但我们会感受到肢体受到的阻力；这种阻力会有效地消耗我们的能量，同时肌肉也在这种等长(静力)练习中得到训练。若不经常运动，人体肌肉的功能会逐渐减退，肌肉也会松弛、下垂，特别是臀部。臀肌下垂在女性中是普遍现象，这是女性自身生理发育所导致的自然结果。

2. 时机选择

可以选择在寝室、教室、图书馆、影剧院等地方进行对抗性训练，也可以在排队、等车时进行。本模块所设计的训练内容切合实际、操作简便，能比较容易地融入每天的生活之中。

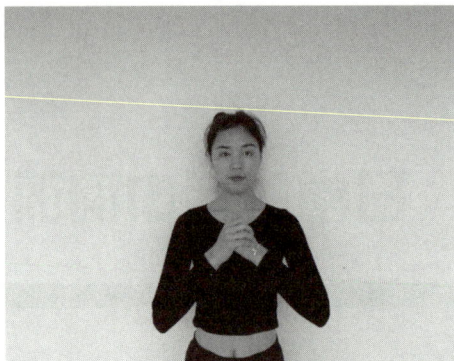

图4-3-1

二、制订身体训练计划

在制订整体训练计划之前，首先应列出计划增强和重塑的身体部位，其次应确定每天进行训练的时间，根据每天的日程合理地安排训练内容，还可以利用一天中属于自己的零碎时间安排相应的训练内容。

注意事项

(1) 训练前千万不要忘记做准备活动。
(2). 完成训练后要进行整理活动使肌肉放松。

在选择内容和编制训练日程时，可以把计划的内容多列出一些以方便我们选择。要使这些内容能够按计划完成，就要精确计算完成每套训练动作所用的时间。在身体未能完全适应所有训练内容所带来的负荷之前，增加内容会对整体计划不利，训练过量会产生一定数量的乳酸，造成肌肉酸痛并影响训练，容易使人失去信心而不能顺利地完成训练计划。

三、准备活动

在每次训练开始前要做准备活动。虽然在这些对抗性训练中受伤的可能性很小，但因为肌肉、关节的温度偏低，黏滞性的增加会降低它们的延展性，若预先没有舒展肌肉韧带和关节，在训练中就会感到不舒服，活动也会因此受限。

四、时时刻刻的健身操

1. 晨练操

地点：卧室(宿舍)的床上，也可在铺有垫子的地板上。

时间：清晨睡醒后。

练习1

练习部位：手指、脚踝、躯干肌肉。

睡醒后伸一个懒腰是一件很惬意的事，你可以尽情地去做这个动作：缓缓地伸腿、张臂、展腹、送髋，使身体得到最大幅度的伸展。

确实感到肩和腰腹的肌肉都在慢慢地舒展后，不要忘记加一些小动作：手指先握后伸，脚趾先勾回、再绷起，再勾回、再绷起，如图4-3-2所示。重复4～5次。

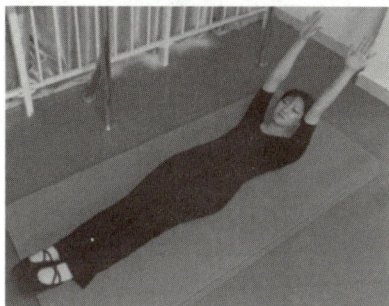

图4-3-2

练习2

练习部位：肩部肌肉。

将身体慢慢地翻转过来，像小猫"伸懒腰"一样将身体拱起呈一个弓形；双膝跪地，双手尽可能前伸伏地，胸和肩慢慢向下压，停留10秒，同时感受肩部肌肉和关节也随之舒展开来，如图4-3-3所示。

图4-3-3

练习3

练习部位：脊椎、腹部肌肉。

完成练习2之后，上半身前移，让身体完全伸直；缓慢撑起双臂，让腹部和髋部尽可能地贴近地面，身体呈反弓形，充分伸展你的腹部肌肉，停留10秒，如图4-3-4所示。

图4-3-4

练习4

练习部位：大腿前侧。

身体侧卧在床上，向右而卧，用左手抓住向后弯曲的左脚慢慢地拉向大腿后侧，如图4-3-5所示。停留10～15秒，然后换另一方向腿重复同样的动作。

图4-3-5

练习5

练习部位：腰侧肌肉。

仰卧，双腿并拢，屈起双腿，让膝盖慢慢倒向一侧，直至接触地面，如图4-3-6所示。停留10秒，换另一侧，重复练习3～4次。

图4-3-6

练习6

练习部位：腰背部肌肉、臀部、大腿后侧。

上半身直立坐在垫子上，双腿并拢伸直，脚尖绷直；上半身向前慢慢倾斜，双手抓住脚尖，脚尖勾起，同时注意双腿伸直、并拢，不能弯曲；双手抱住踝关节(或脚掌)，试着尝试额头触及膝盖，如图4-3-7所示。保持30秒，重复8～10次。

图4-3-7

练习7

练习部位：大腿内侧。

身体直立坐在床或垫子上，两脚掌相对。双手抓住两脚踝，将足跟向内拉，让其尽量靠近骶髂关节，双膝向两侧打开，尽可能接近地面。将上半身尽量前倾，保持5～7秒，重复4～5次，如图4-3-8所示。

练习8

练习部位：脚踝、小腿。

双手撑地，躯干平行于地面，一条腿弯曲腾空，另一条腿伸直，用脚趾撑地，依靠躯干重量，拉伸小腿肌肉，如图4-3-9所示。停留15秒，换另一条腿。

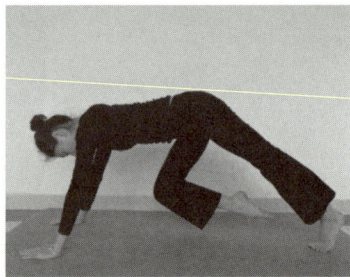

图4-3-8　　　　　　　　　　　　　　　　　　图4-3-9

2. 书桌前的隐形操

地点：教室、图书馆等。

时间：课间休息时。

大学生每周至少有40个小时坐在书桌前，长时间伏案而坐，会使腹部、大腿、腰部、臀部的赘肉增多。大学生们可以在繁忙的学习生活中抽出时间进行训练来去除这些赘肉。这部分的练习是无声的，既不会影响他人，也不会引起别人的注意。

这套动作不仅可以在教室或图书馆的书桌前做，还可以在看电影、理发、淋浴甚至打电话时做。

练习1

练习部位：颈部肌肉。

如图4-3-10所示，右手从头顶绕过，用手掌按住左太阳穴，试图将头部拉向右侧肩部，同时颈部左侧肌肉发力，去抵触这个拉力。这种对抗训练的力度大小要适度，初次练习时力量要小一些，一般把手搭上去的重量就足够了。停留5～6秒，换另一侧。重复2～3次。

低头，双手搭在脑后，同时颈后肌群发力，向上抬头，停留5～6秒。重复2～3次。

图4-3-10

练习2

练习部位：胸部肌肉。

准备动作：双手在胸前相握，肘关节弯曲并且外展，如图4-3-11(a)所示。首先把手放在腹部位置，再移至胸部位置，最后双手放于头顶上方。用力握紧的双手做相互抵抗动作，每个位置持续4～6秒，如图4-3-11(b)、(c)所示。动作过程中，肘关节始终保持弯曲，从低往高再逐个区域依次返回到准备姿势。连续做4次。

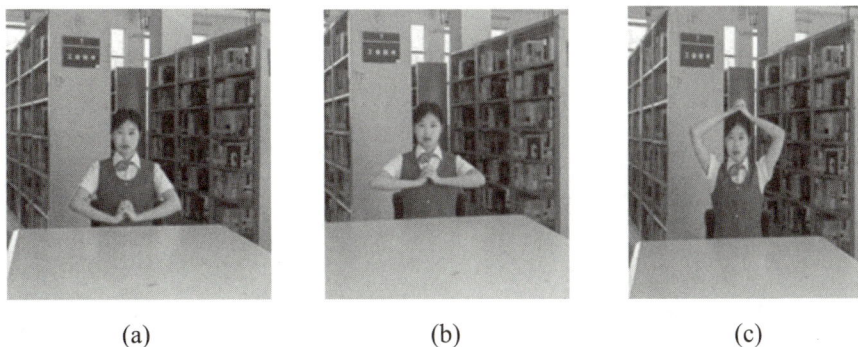

(a)   (b)   (c)

图4-3-11

练习3

练习部位：腰腹部肌肉。

椅子稍远离书桌(以膝盖不碰到桌子为宜)，上半身直立，后背不要接触椅背，保持上半身原有的身体姿势并收腹，尝试把双脚抬离地面，并保持5～7秒，如图4-3-12(a)、(b)所示，重复练习3～5次。上半身贴紧椅背，屈膝，向上抬腿，让膝盖尽可能接近上半身，然后并腿向前平直伸出，尽可能让大腿悬空，不要接触椅面，如图4-3-12(c)所示，保持3～5秒后，屈膝。重复练习3～5次。

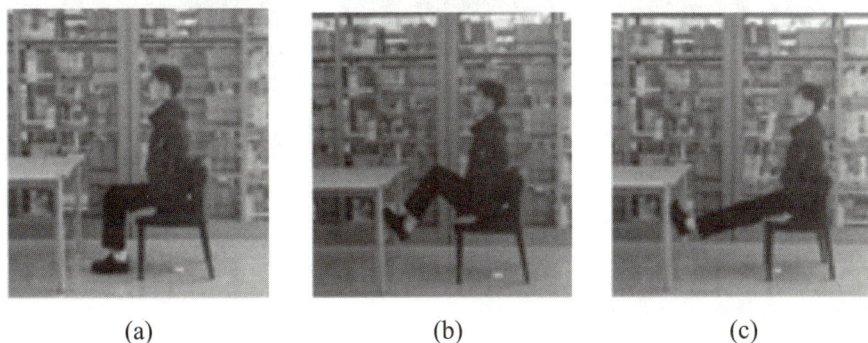

(a)   (b)   (c)

图4-3-12

注意事项

由于动作的幅度稍大，因此在做此项训练前，一定要确认不会触及他人或面前的书桌，以免发出响声。

练习4

练习部位：大腿肌肉。

(1) 坐在靠背椅上，上半身直立，双脚打开与肩同宽，小腿与地面垂直；双臂伸直，用手掌按住膝关节外侧，用力阻止你要向外打开的双腿，如图4-3-13(a)所示；保持约30秒后，放松一下，重复6～10次。这个练习可以增强大腿外侧的肌肉力量，同时对胸大肌也有较好的锻炼效果。

(2) 双臂伸直，用拳或手背贴住膝关节的内侧，用力阻止你要向内并拢的双腿，如图4-3-13(b)所示。保持约30秒后，放松一下，重复6～10次。这个对大腿内侧肌肉有帮助的动作，同样能锻炼肩部外侧肌肉。

如果感到上臂的力量对大腿的外展、内合没有太大的阻碍，就将双踝在地板上做交叉换位，双膝靠拢，用相互交叉的双踝做抵抗运动，膝部和大腿也相互抵抗，可向内、可向外，然后交叉换位，如图4-3-13(c)所示。每次坚持30秒，两侧各重复4～6次。

　(a)　　　　　　　　(b)　　　　　　　　(c)

图4-3-13

练习5

练习部位：小腿肌肉和踝方法(方法1)。

坐在靠背椅上，上半身直立，双脚并拢平行放于地面，小腿与地面垂直。连续完成脚趾和脚掌向上抬起的动作，脚跟始终着地。接下来脚趾不要离地，把脚跟尽量向上抬起，做提踵练习，如图4-3-14所示。

此项练习是为了伸展小腿肌肉，并进一步重新塑造小腿，同时也会增加踝关节的力量。

图4-3-14

练习6

练习部位：小腿肌肉和踝方法(方法2)。

以双脚足跟为中轴，脚趾先向上勾起，再向外侧展开，然后还原，如图4-3-15所示。练习30次左右。

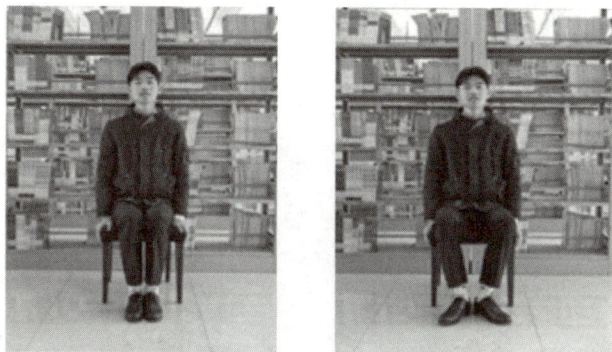

图4-3-15

练习7

练习部位：骨盆与臀部。

坐在椅上，双脚开立与肩同宽，后背紧贴椅背；收腹，绷紧大腿和臀部肌肉；一手置于腹前，一手扶在腰后，先使绷紧和收缩的骨盆周围肌肉向后突起，塌腰，臀部上翘，然后骨盆和臀部用力向前挺出，最后还原，如图4-3-16所示。练习50～100次。

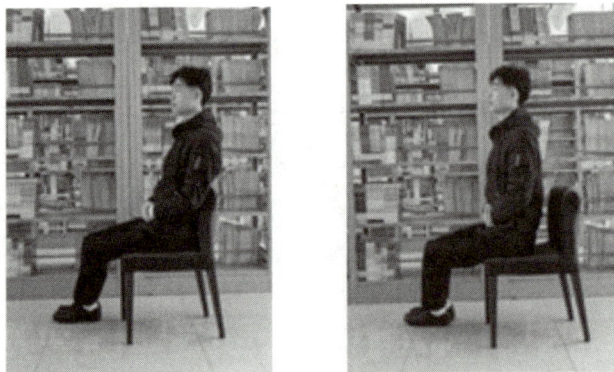

图4-3-16

练习8

练习部位：上臂、肩部和颈背部。

坐在靠背椅上，上半身直立，双脚并拢平行放于地面，小腿与地面垂直；双手抓住椅子两侧的椅面位置，用力试图把坐在椅子上的自己抬起。伸直双臂练习，能改善肩部和颈背部肌肉；屈肘练习能改善肱二头肌，如图4-3-17所示。每次停留8～10秒，重复4～6次。

图4-3-17

练习9

练习部位：小腿肌肉。

前脚掌站在楼梯的台阶上，足跟在台阶外，面向上楼梯的方向，借助扶手或墙壁保持身体的平衡，躯干正直；用力提踵将整个身体向上推起，之后自然放松，落下足跟，并尽可能使足跟低于台阶面；再重新提踵使其高于台阶面，如图4-3-18所示。反复练习25～30次。

注意：身体的重心要保持小幅度的上下，千万不要做突发性动作。这个训练是让身体通过脚踝的力量做平衡的上、下运动，力度不宜过大、过猛。训练过程中会有伸展小腿肌肉的练习，小腿肌肉有可能发酸，一天之后，这种酸痛感即可消失。

图4-3-18

在前面的练习5和练习6中，已经介绍了一些小腿和踝关节的练习方法，加上这个动作，可以把它们编成一组，只要坚持训练2～3个星期，就可以看到小腿的变化，最终得到外形优美的小腿肌肉。

注意事项

多数专家认为隔天训练最好，因为训练过量会产生一定数量的乳酸，造成氧债和肌肉疼痛，从而影响训练。然而，对抗性训练强调力度适中，使肌肉不能产生过多的乳酸，因此也不会出现氧债，更谈不上肌肉损伤。参与运动不要牵强，要在训练中寻找快乐。

3. 宿舍里的健身操

地点：寝室、盥洗室、梳妆镜前、床上或在铺有垫子的地板上。

时间：起床后，洗脸、化妆时。

练习1

练习部位：颈部。

身体直立，双脚平行开立，双臂自然下垂，不要耸肩；颈部向身体一侧慢慢倾斜，并试图让耳朵触到肩部，之后头经体前慢慢绕向另一侧，反复进行，如图4-3-19所示。

图4-3-19

练习2

练习部位：胸部、肩部、上臂肌肉。

面朝桌子或其他固定物站立，相距60厘米左右，双腿伸直全脚掌着地，手撑在桌面边缘，双臂分开与肩同宽，背部始终保持挺直，收紧腹肌，身体挺直，躯干向桌子慢慢倾倒，直到胸部触及桌子为止。注意：肘关节要有控制地弯曲，脚跟可以提起，然后上臂慢慢发力将躯干推起，还原，如图4-3-20所示。每一个动作需要3～4秒，每组动作练习15～20次。

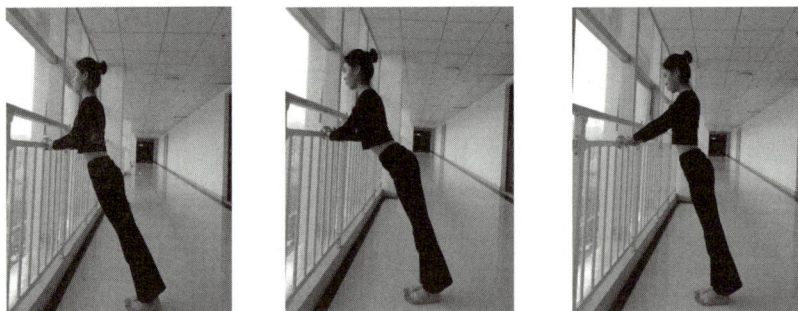

图4-3-20

练习3

练习部位：胸部。

做这个练习时，在地板上铺上一条浴巾或一块垫子，尽量做到不穿鞋。这个动作有两种练习方式：

(1) 双臂屈伸时肘关节向两侧(开肘)，以胸部肌肉练习为主。

(2) 双臂屈伸时肘关节向后(夹肘)，以上臂肌肉练习为主。

俯撑，小腿弯曲，膝盖着地，上半身与大腿保持在一条直线上，双臂分开与肩同宽；身体挺直，让躯干慢慢倒向地面，直到胸部触及地面为止，注意肘关节要有控制地弯曲；上臂慢慢发力将躯干推起还原，如图4-3-21所示。每组8～10次，练习2～3组。

图4-3-21

练习4

练习部位：骨盆与臀部。

双脚开立与肩同宽(也可以并腿)，膝部微屈；收腹，绷紧大腿和臀部肌肉，一手置于腹前，一手扶在腰后，先使绷紧和收缩的骨盆周围肌肉向后突起，塌腰，臀部上翘；然后骨盆和臀部用力向前挺出，最后还原，如图4-3-22所示。练习50～100次。

图4-3-22

提 示

做此训练时应当学会控制肌肉，这个动作只要求腰部以下肌肉处于紧张状态，其他部位均要放松。训练前期，这个动作以每次做50次为宜，速度可快可慢(慢做50次的效果相当于快做100次)。两三周后，就会发觉臀部肌肉变得有弹性并且不再下垂。在追求"理想臀部"的过程中，完成此练习是最佳办法。

练习5

练习部位：大腿、膝关节。

身体直立，右侧放一把椅子，手扶椅子保持身体平衡；用4拍的时间(正常速度)抬起左腿至水平位置，同时小腿弯曲让脚尖靠近右腿膝关节；再用4拍的时间让抬起的左腿向左侧打开，同身体处于一个平面，膝关节的位置不变；接着用4拍的时间让小腿抬起并使大小腿伸直，并与地面保持平行，维持这个姿势2拍，然后用2拍的时间让腿下落到立正的开始位置，如图4-3-23所示。重复4～6次后，换另一条腿进行。每一组练习15～20秒，整个练习需要120～180秒。

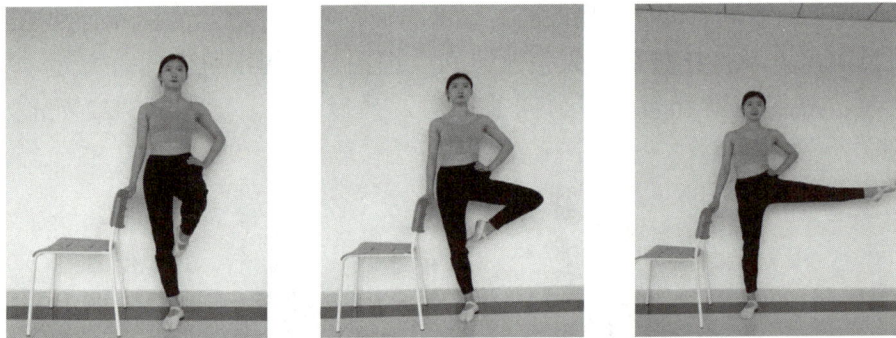

图4-3-23

练习6

练习部位：臀部和大腿。

动作1：身体直立双腿并拢，双手撑在前方的椅子上；一条腿慢慢地向后方抬起，直至与地面平行或更高，保持这个姿势8～10秒，再慢慢将腿放下来，如图4-3-24所示。换另一条腿做同样的练习，每条腿各5次。

动作2：仰卧在床(或垫子)上，屈腿，小腿与地面垂直，双手放在身体两侧。肩背着地，臀肌紧收，用力将躯干抬起，直至上半身与大腿平行，保持这个姿势8～10秒，如图4-3-25所示。练习6～8次。

图4-3-24

图4-3-25

练习7

练习部位：腰腹肌肉。

以下为10个腹肌练习动作，建议每次选择2～3个动作练习。

准备动作：身体呈仰卧姿势躺在床上，双膝搭在床边，双腿自然下垂，双手放在身体两侧，如图4-3-26所示。

动作1：准备动作后慢慢将小腿抬起与大腿平行；整个小腿超过床面与地面平行，保持这种姿势一段时间，小腿再自然下垂，还原，如图4-3-27所示。练习12～15次。

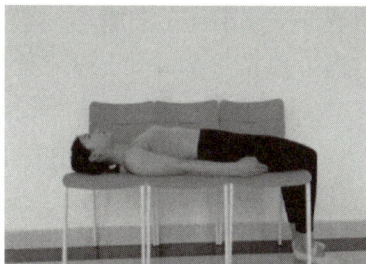

图4-3-26

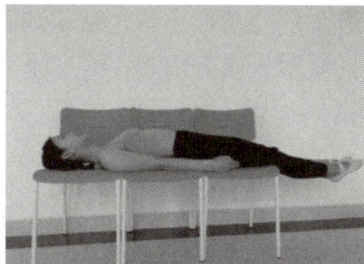

图4-3-27

动作2：准备动作后将小腿抬起，经水平位置，收向胸部并靠拢，双手紧抱小腿，然后再按顺序还原，如图4-3-28所示。练习12～15次。

动作3：在动作1的基础上把腿继续往上抬至45°角的位置，保持这个姿势6～8秒，然后慢慢下落，还原，如图4-3-29所示。练习3～5次。

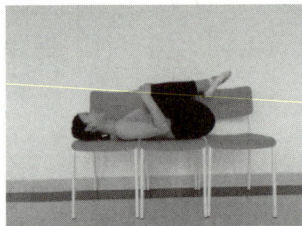 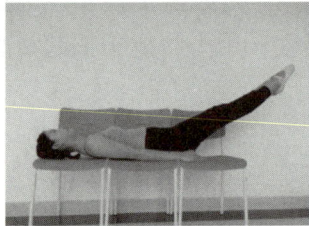

图4-3-28   图4-3-29

动作4：准备动作后把腿往上抬至45°角的位置，保持这个姿势，同时让双腿在空中做左右交叉腿的横向动作，如图4-3-30所示。每次做60秒，练习3～5次。这个动作虽然很难却非常有价值，在做这个动作时，参与的肌肉不仅有腹肌，还有横向运动的大腿内外侧肌肉和髋部髂腰肌。此项训练会导致心率加快，切记要保持正常的呼吸。

动作5：在动作3的基础上，伸直双腿，把一只脚的脚跟搭在另一只脚的脚面上，上面的腿稍稍放松，让一部分重量压在下面那条腿上，如图4-3-31所示。然后换另一条腿练习。这是稍简单一些的腹肌练习。

 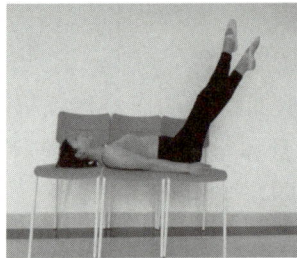

图4-3-30   图4-3-31

动作6：将一侧的小腿向内收起，同时大腿向身体收，尽量靠近胸部，另一条腿完全伸直，并保持与地面平行，双手放在身体两侧，如图4-3-32所示。

将伸直的腿缓慢向上抬起，高度不超过45°，维持平衡并使其在这个位置上停留8～10秒，还原，如图4-3-33所示。单腿重复2～3次后，换另一条腿，重复相同的动作。

图4-3-32   图4-3-33

动作7：把静力性动作6做成动力性动作。数4拍，把腿从水平位置慢慢上举到垂直位置，然后再数4拍还原，如图4-3-34所示。重复6～8次为一组，练习2～3组，然后换另一条腿练习。

图4-3-34

动作8：身体呈仰卧姿势躺在床上，屈体90°，屈腿90°，让髋关节和膝关节形成两个直角，双手放在身体两侧，保持身体平衡，如图4-3-35所示。

保持准备动作时躯干和大腿的位置不变，将一条腿的小腿向上伸直，直至与地面垂直，两条小腿以膝关节为轴，交替运动，如图4-3-36所示。练习60秒为1组，共练习3组。

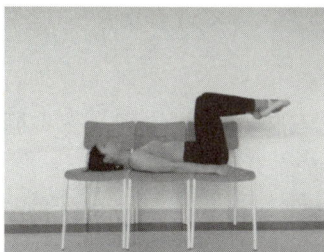

图4-3-35　　　　　　　　　　图4-3-36

动作9：将脚尖勾起，两腿顺垂直方向向上抬起，做仰卧蹬自行车动作，双手放在身体两侧，保持身体平衡，如图4-3-37所示。每次练习40～60秒，练习2～3次。

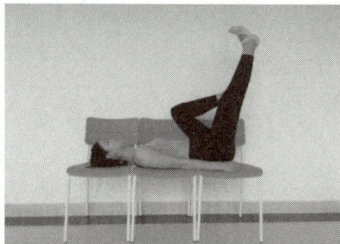
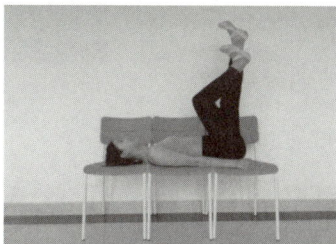

图4-3-37

动作10：仰卧起坐。练习仰卧起坐可以改善我们的上腹部肌肉，但是上半身抬得过高(肩部离地超过30厘米)并不能对增强腹肌有任何帮助，参与工作的是大腿前侧的肌肉，而不是腹肌。

仰卧在地板或垫子上，屈膝，脚掌放在地板上，也可把腿伸直。双手扶住头部或把手搭在肩膀两端，肘关节朝上。开始收缩腹肌，抬头并使双肩离开地面向上方运动，腰背部紧贴地板，维持这个姿势1秒，然后还原，反复进行，如图4-3-38所示。

开始阶段重复20次，以后增加到30～35次为一组。每次练习2～3组。

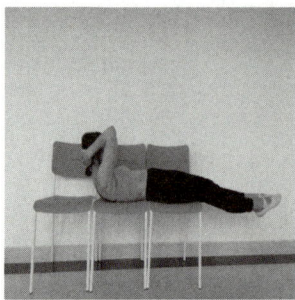

图4-3-38

练习8

上半身直立坐在床上，小腿放在床沿外，双腿并拢并伸直，脚尖绷直。

动作1：双脚脚尖同时先勾起再绷直。反复练习50次。

动作2：双脚脚尖交替地勾起、绷直，如图4-3-39所示。反复练习50次。

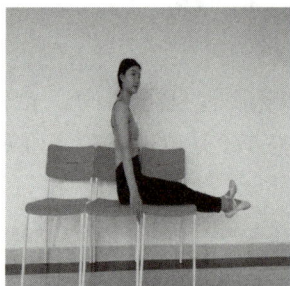

图4-3-39

练习9

(1) 站立前屈体：身体直立，双脚左右平行开立，双腿伸直，上半身前屈，双臂直臂下伸并垂直于地面，颈部与背部充分放松。手臂自然下垂，不要强行触地，让大腿后侧、臀部、腰部、后背甚至手指的肌肉都被拉长，如图4-3-40所示。坚持40秒。

（2）跪地后仰：跪坐在踝关节上，上半身向后倒，可以用双手撑住身体，防止下落速度过快，上半身慢慢下落，直至双肩着地。让大腿的前侧肌肉、腹肌、踝关节被充分地拉长，如图4-3-41所示。坚持30秒。

分腿前屈体：从分腿坐开始，上半身前倾做前屈动作，身体放松自然前俯，如图4-3-42所示。这个动作主要是放松大腿内侧和臀部、背部肌肉。

图4-3-40　　　　　　　　　　图4-3-41　　　　　　　　　　图4-3-42

（3）肩部放松：此项练习包括前突、上提、后展三个步骤，如图4-3-43所示。在任何地点都可进行，但若在淋浴时进行，效果更佳，因此时肩部会直接受热，有按摩和热敷之功效，所以对缓解肩部肌肉紧张极为有效。

① 用含胸动作让双肩向前突出，数4拍后回到正常位置。

② 双肩同时耸起，数4拍后双肩同时放松。

③ 展胸夹背让双肩后展，数4拍后回到开始位置。

④ 用8拍的时间让双肩经前突、上提、后展，回到开始位置。

完成①～④为一组，做4组。

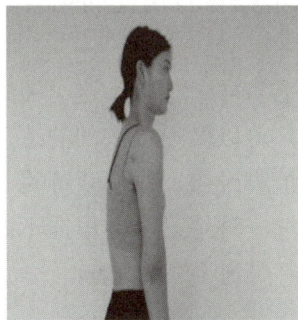 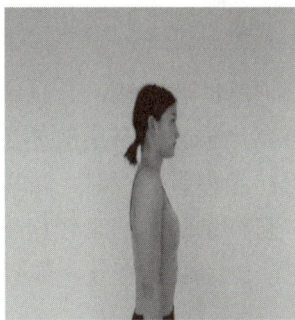 

图4-3-43

（4）利用毛巾同样可以放松肩部和上臂。双手在背部抓住毛巾，上面手臂的肘关节尽可能贴近耳部，手臂放松；用下面的手抓住毛巾轻轻向下拉，会感觉到上臂和肩部肌肉的牵拉感，如图4-3-44所示。坚持15秒，换另一侧练习，重复2次。

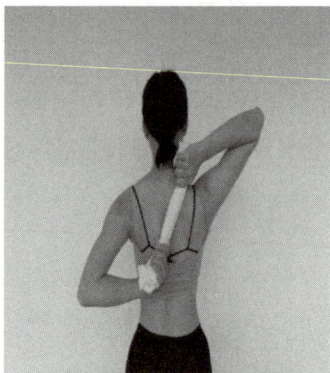

图4-3-44

4. 随时随地的健身操

在车站等车或排队用餐时，可以抓紧时间进行身体练习。做这种练习以不影响他人，也不让他人察觉而使自己难堪为佳，所以一般只进行一些下肢的练习动作，如小腿的提踵练习、收腹收臀的练习等。所有这些练习都可以在无声无息、毫不被他人察觉的情况下完成。

我们每天都要走路，不妨将步行也作为一种训练的方式。步行时使身体尽量挺拔，收腹、立腰、收臀，大步前行，使腰腹、臀、大腿、小腿都能得到很好的训练。这也是一个事半功倍的练习方法，如果每天都能坚持连续走30分钟的路程，一个月后就会体会到良好的训练效果。

看电影或电视时可练习前面讲过的书桌前的隐形操，不会影响他人。

这样的例子很多很多，只要想练、肯动脑，就可以根据自身所处的场合、地点，想出很多训练方法。

"安全和稳妥"应该是我们训练的座右铭，一旦学会了怎样做练习，这个训练日程就将成为你我生活中的一部分。当你坐在书桌前休息时，可以做一些胸部的练习，或者做一些小腿、踝关节的练习；当你看电视时，可以高抬脚趾做一些小腿练习。这些训练计划的美妙之处就在于，花少量的时间来轻松地做每一种练习，并根据不同场合选择不同的练习内容。这些方法既简便又有效，你会从中得到无穷的乐趣。

总之，赶紧来实践吧。

模块四　科学饮食方法

学习目标

◎ 了解营养学的基本概念

◎ 懂得科学饮食的方法与原则

一、营养学的几个基本概念

1. 营养素

人类为维持生命必须从外界摄取食物。食物中含有的能维持人体正常生理机能、促进生长发育和健康的化学物质称为营养素(nutrient)。

2. 热量平衡

摄入食物的总热量与活动消耗的总热量相等时，称为热量平衡，这时的体重不变；如果消耗得多摄入得少，则会出现负平衡，体内储存的营养物质就要消耗，这时体重就会下降；如果摄入多于消耗，多余的热量就会储存在体内(大多数热量会合成为脂肪)，体重就会上升。

3. 均衡膳食

摄入的营养素能充分满足人体的需要，既不多也不少叫作均衡膳食。只有均衡膳食，身体才会健康。

二、人体所需的六大营养素

1. 碳水化合物(糖)

碳水化合物是人体的主要能量来源。1克碳水化合物能产生4卡热量(遵照营养学领域的表示习惯，本书用"卡"作为食物所含热量的单位，"卡"和国际标准热量单位"焦耳"之间的换算关系为：1卡＝4.184焦耳)。中枢神经活动完全依赖于碳水化合物的供给，它可以协助脂肪和蛋白质有效地燃烧和利用，有助于保持适当的细胞体液平衡，使细胞功效最大化。坚持适度食用碳水化合物有助于维持适度的血糖平衡，并可以节省蛋白质，使蛋白质更多地用于肌肉合成。它主要以简单和复杂两种形式存在。简单的形式是单糖，如葡萄糖、果糖和蔗糖，虽含有能量，却几乎不含什么营养成分。复杂的碳水化合物在土豆、玉米、豆类、大米和全麦制品中都能找到，它含有重要的营养成分和纤维素。进食复杂碳水化合物最大的好处就是摄入了纤维素。

摄入纤维素的益处：

(1) 延迟胃排空时间，从而增强饱腹感。

(2) 维持良好的肠动力，防止便秘、促进规律的肠蠕动。

(3) 调节机体对葡萄糖的吸收。

有研究表明，高纤维素膳食在进餐后表现出对血糖水平的调节可维持5小时以上，所以纤维素能够调节机体的消化率和对碳水化合物的同化作用。

不同碳水化合物在人体内的吸收情况不同，如表4-4-1所示。

表4-4-1　不同吸收程度的碳水化合物

吸收程度	碳水化合物
高	糖、蜂蜜、玉米、白面包、精制谷物
中	全麦面包、大米、麦麸、豌豆
底	豆类、水果(苹果、桃、柚子等)、蔬菜等

吸收程度高的碳水化合物会导致人体内胰岛素明显上升。胰岛素是一种使血糖降低的激素，同时可以合成脂肪。长期食用吸收程度高的碳水化合物会使细胞对胰岛素的敏感度降低，最终导致成年型糖尿病。超重和患有高血压或心脏病的人选择吸收程度较低的碳水化合物才是明智之举。

对于绝大多数成年人来说，运动时和不运动时碳水化合物的摄入是有区别的（见表4-4-2）。有人认为必须通过降低饮食中碳水化合物的比例来减肥，其实这是一个误区。因为体重的增减与总热能的摄入有关，而与饮食中的常量营养素无关。低碳水化合物饮食降低体重的原因有两个：低热量摄入和脂肪的流失。确保长时间减重效果应注重日常饮食习惯的培养，而非严格限制或减少某一种常量营养素的摄入。

表4-4-2　运动型饮食结构

成　分	运动型饮食(占总热量百分比)	普通型饮食(占总热量百分比)
碳水化合物	60%～65%	45%～50%
脂肪	20%～25%	35%～40%
蛋白质	15%	10%～15%

美国曾投入大量的人力、物力研究碳水化合物摄入与流行性肥胖的关系，结论都是相似的：碳水化合物能使人肥胖，但低碳水饮食仍使美国人变得越来越胖，其原因是高热量摄入与低热量消耗。

建议：

(1) 每日饮食应包括25克纤维素。

(2) 碳水化合物摄入方案应根据个人偏好、活动水平和饱腹感来制订，其摄入量应占摄入总量的50%～70%。

(3) 多吃水果、谷类和蔬菜，这些都是纤维素的主要来源。

(4) 每日饮食应先满足蛋白质和脂肪的需求量，然后再估算当日饮食中的碳水化合物摄入量。

2. 脂肪

脂肪是人体的第二个热量来源，但也是食物中的"定时炸弹"。每克脂肪提供9千卡的热量，是碳水化合物和蛋白质氧化释放热量的两倍多。除提供热量外，脂肪还可用作脂肪性维生素A、D、E、K的载体。维生素D可促进钙的吸收，使身体组织尤其是骨骼和牙齿的钙供应充足。脂肪对于胡萝卜素性维生素A的转变过程亦十分重要。脂肪并非一无是处，它参与下列生理作用：

(1) 细胞内营养素的控制与排泄。

(2) 包绕、保护固定器官，如肾脏、肝脏、心脏。

(3) 维持体温，使身体免受外界环境温度的影响。

(4) 减缓胃液内盐酸的分泌，延长胃排空时间，延长餐后饱腹感时间。

(5) 刺激胆囊收缩素的释放，胆囊收缩素有助于产生饱腹感。

(6) 每克脂肪能产生9千卡热量。

(7) 脂肪存在于所有的细胞中。

(8) 脂肪的摄入量应占摄入总热量的10%～30%。

(9) 超过摄入总热量的30%会导致过量进食(脂肪食物的体积较小)与新陈代谢速度降低。

建议：

控制体重者应按照健康原则摄入热量，否则就会过量进食。如果目标是减肥，其饮食中来自脂肪的热量应低于摄入总热量的30%，最好在20%左右。高脂膳食无益于减肥或保持体型，并且会使身体摄入的热量转变为脂肪。

3. 蛋白质

蛋白质的主要功能是构成及修复身体组织和结构。蛋白质也参与激素、酶和其他调节性肽的合成。并且当体内的热量和碳水化合物不足时，蛋白质还可用于提供能量。我们吃下的动物性蛋白或植物性蛋白分子在体内分裂成氨基酸并被吸收。氨基酸是用来构筑细胞壁、肌肉组织、激素、酵素等的基本物质。血液中运输着大量的蛋白质，包括能够凝结成块的纤维蛋白，以及输送氧气的血红素。

健身训练能增加蛋白质，有氧训练能够增加酵素，力量训练能够增加收缩蛋白(肌动蛋白和肌凝蛋白)。所以，蛋白质对经常参加运动的人来说极其重要。

当人体大脑和神经系统需要持续活动时，若能量或碳水化合物摄入过低，人体就会用氨基酸(从食物中获取或体内蛋白质分解)来提供能量。首先，氨基酸脱氨基，其次，分离出的碳链用于合成葡萄糖以提供能量。脱去的氨基呈团形，是一种有毒的化合物，它被血液送至肝脏并在肝脏中转变为尿素，最后通过肾脏以尿的形式排出体外。如果通过饮食摄入的蛋白质超过机体的需求，那么蛋白质分解产生的氨基酸脱去氨基后的碳链碎片就会以脂肪的形式储存起来。

建议：

建议每天以蛋白质形式吸收的热量应占总热量的15%。对于爱好运动的成年人，每日消耗的热量要有10%来源于蛋白质；对于耐力型、力量型运动员，每日从饮食中获得蛋白质的比例如表4-4-3所示。一般食物中的蛋白质含量如表4-4-4所示。

表4-4-3　蛋白质的需求量

	蛋白质占每日消耗百分比	每日每公斤体重所需蛋白质
爱好运动的人	10%	0.8～1.0克
耐力型运动员	15%	1.2～1.4克
力量型运动员	17%	1.4～1.8克

表4-4-4　一般食物中的蛋白质含量

食物名称	重量/克	蛋白质含量/克
豆类	11.3	6～8
牛肉	113.6	20～28
奶酪	28.4	7
鸡	14.2～85.2	24～30
辣椒	227.2	20
大米	113.6	3
鱼	113.6	25～30
汉堡包	113.6	20
牛奶	227.2	9
花生酱	42.6	4
比萨饼	1片	10

4. 维生素

维生素和矿物质也被称作微量元素。人体对它们的需要量非常少，但它们对人体的新陈代谢以及一些重要的生理功能却起着举足轻重的作用。维生素与酶素之间有密切的关系，而酶素在细胞新陈代谢过程中发挥着重要作用。酶素由大量的蛋白质和辅酶素构成，维生素参与活性成分辅酶素的生成，也就是说没有维生素就无法生成辅酶素，人体代谢过程就会停止工作，并且还会产生有毒的化合物。维生素缺乏或不足，就会引起维生素缺乏病。维生素根据其溶解性质，可分为水溶性和脂溶性两大类。

1) 水溶性维生素

水溶性维生素指可溶解于水的维生素，包括维生素C(抗坏血栓)、B$_1$(又称硫胺素)、B$_2$(核黄素)、B$_6$(磷酸吡哚醛)、B$_{12}$(钴氨素)、泛酸、叶酸、生物素等。

该类维生素有两个主要特点：

(1) 大多不能在体内存留因而需要通过外界摄取。当体内的这些营养素已经充足时再过量补充，多余部分可通过尿液排出体外，一般不会中毒。

(2) 此类维生素大多是构成人体多种酶系的主要辅基成分，参与人体的碳水化合物、蛋白质和脂肪的代谢。

2) 脂溶性维生素

脂溶性维生素指不溶于水但可以溶解于脂肪及有机溶剂的维生素，通常是与食物中的脂质一起被吸收的。其特点是排泄慢，可在肝脏内储存，因此短期缺乏者采用一般的血液检测查不出来。脂溶性维生素A(视黄醇)、D、E、K的功能大不相同。

表4-4-5列出了维生素的种类和它们主要的食物来源以及它们所起的营养作用。

表4-4-5　维生素的作用与来源

	营养物质	重要作用	来　源
水溶性维生素	维生素B_1	能量制造	肉类、谷类、豆类
	维生素B_2	能量制造	牛奶、蛋、鱼、瘦肉、绿叶菜
	维生素B_3(烟酸)	能量制造	坚果、鱼、家禽、谷类
	维生素B_4	能量制造和蛋白质代谢	肉类、蔬菜、水果
	维生素B_9(叶酸)	红细胞、白细胞、RNA、DNA、氨基酸	肉类、蔬菜、水果、豆类、坚果
	维生素B_{12}	血细胞、RNA、DNA、能量制造	肉类、奶制品、蛋
	蛋白毒素抗体	脂肪和氨基酸代谢、精元合成	豆类、蔬菜、蛋
	维生素C	伤口愈合、形成结缔组织、抗氧化、免疫功能	柑橘、蔬菜
脂溶性维生素	维生素A	增强视力、免疫功能	奶制品
	β-胡萝卜素	细胞增长、抗氧化	蔬菜、水果
	维生素D	骨骼、牙齿	阳光、鱼、奶制品、蛋
	维生素E	抗氧化	植物油、坚果、绿叶菜
	维生素K	凝结血液	肉类、绿叶菜、谷类、水果、奶制品

建议：

维生素对于生命和健康都是至关重要的。近期研究表明，有一些维生素对于使免疫系统发挥出最佳作用十分重要。为了保证免疫系统的健康，平衡膳食中的维生素应包括如下内容：

β-胡萝卜素——刺激正常的吞噬细胞和免疫系统的细胞来抵御传染病。

维生素B$_6$——促进白细胞生长。

叶酸——增强白细胞活力。

维生素C——提高免疫能力。

维生素E——刺激免疫反应。

长时间进行大量高强度运动的人，以及在控制体重或减肥期间的人应加强维生素营养状况的监测，并在医生指导下适量补充维生素。

5. 矿物质

人体所需的矿物质微量元素包括铁、锌、铜、锰、铬、碘、硒、氟等。矿物质对酵素、细胞活动、激素、骨骼、肌肉、神经活动、酸碱平衡都有十分重要的作用。许多食物都含有矿物质，但矿物质主要还是集中在动物组织和动物性产品中(见表4-4-6)。其中比较容易产生营养问题的是铁和锌。

表4-4-6　矿物质的作用和来源

矿物质	重要作用	来　源
钙	构成骨骼和牙齿、凝结血液、控制肌肉收缩	奶制品、豆科植物、蔬菜
氯化物	促进消化、细胞外体液	食物中的盐
铬	能量制造	豆科植物、谷类、肉类、植物油
铜	铁代谢	肉类、水
氟	骨骼、牙齿	茶叶、海产品、水
镁	甲状腺激素	鱼、奶制品、蔬菜、碘盐
磷	构成骨骼和牙齿、维持酸碱平衡	奶制品、肉类、鱼、家禽、谷类
钾	神经传导、体液和酸碱平衡	绿叶菜、香蕉、肉类、奶制品、土豆、咖啡

矿物质	重要作用	来　源
硒	抗氧化	海产品、肉类、谷类
钠	神经功能、体液和酸碱平衡	盐
硫	肝脏功能	食物蛋白
锌	酶素活性	奶制品、肉类、鱼、家禽、谷类、水果、蔬菜
铁	运输氧	肉类、蛋类、蔬菜和谷类

1) 铁

铁是血红蛋白、肌红蛋白以及多种酶的主要组成成分，它在机体内最突出的功能是运输氧，是一种人体必需的元素。铁对于经常运动的人来说尤其重要。大量的铁储存在参与制造血红素的血液中，血红素是红细胞中的一种化合物，它能够将肺中的氧带到工作的肌肉中。在肌红蛋白中，铁还被用来运输和储存氧，在重要的氧化酶素中铁也是必不可少的。

铁缺乏最常见的后果是贫血，铁缺乏最明显的功能性损害表现为血红蛋白降低。铁缺乏还可以引起免疫机能减退及某些免疫物质减少。

运动中会有大量的铁经汗液流失，因此经常运动的人铁流失高于普通人。运动量过大还会降低铁的吸收率，使食物所供应的铁得不到充分的利用。

女性由于月经失调，控制体重的人由于食物中铁摄入不足，易发生铁的缺乏，均为缺铁的易感人群。除瘦肉以外，大枣、葡萄干、豆类、李子干和杏等食物都含有大量的铁。若想知道身体是否缺铁，最好咨询医生和营养专家，在决定依靠药物来补铁之前要对体内铁的状况进行检测。体内铁含量太高，有可能引发心脏病。在没有发生贫血的情况下，没有必要服用单一的、大剂量的铁补充剂。通常情况下主要应从膳食中补充铁。

建议：

(1) 荤素搭配、平衡膳食，有利于食物中矿物质的利用与吸收。

(2) 多食用富含维生素C的食物，如柑橘、青椒、菜花等新鲜蔬菜和水果，可以促进铁的吸收。

(3) 大量运动后不宜立即进食，应适当休息，等待胃肠道的血流得到充分恢复；

也不宜在吃饭时喝茶，这些因素都会影响铁的吸收。

(4) 缺铁的人应注意多吃一些瘦肉、动物肝脏、动物血制品等，以补充优质铁。

2) 钙

钙是骨骼和牙齿的主要成分。钙也参与肌肉收缩、神经传导、血液凝结以及酵素活动。对于爱好运动的人来说钙尤为重要，因为钙的摄入量与骨质疏松症关系密切。骨骼是抵抗压力的组织，钙的摄入加上负重训练能使骨骼强壮，同时可降低由于年龄增长所造成的骨密度降低的速度。

年轻女性如果进行多项高强度的训练，伴随而来的体重减轻、钙摄入不足、压力大等因素有时会影响她们正常的月经周期。这些变化会减弱雌性激素对骨骼的保护作用，从而引起骨密度降低和疲劳性骨折。降低训练强度、适当增加体重、增加钙的摄入量能够防止骨质流失。所以年轻女性在进行身体锻炼时，要控制运动强度在有氧运动范围内，同时注意加强钙的摄入，这样才能防止骨质流失。

3) 锌

锌是许多重要代谢酶的成分之一，是植物、动物、人类都必需的元素之一。相当一部分锌储存在人体的骨骼中。锌的主要作用是辅助酶参与体内的生理过程。人体缺锌时会出现味觉迟缓、身体生长缓慢、皮肤改变、免疫机能异常等现象。动物性食物如肉类、肝脏、蛋类和海产品中含有丰富的锌。植物性食物中含锌少，锌主要存在于谷类中，但谷类所含的锌不易被人体吸收。饮用水中也含有一定量的锌，但比例很小。大量运动后可以补充一定量的含锌复合营养剂；在没有医嘱的情况下，每日所服用的锌补充剂不宜超过15毫克。药物补充是无法替代食物的营养补给的，若锌摄入不足需补充也应以平衡膳食为主。

6. 水

水是生命之源。成年人身体内的水约占体重的60%～70%。当营养不足时，如常量营养素、维生素、矿物质缺乏时人可存活几周甚至几年，而没有水人仅能存活几天。

人体摄入充足水分将会产生以下方面的功效：增强内分泌功能；减少体内液体滞留；增强肝功能，提高能量供应中脂肪的利用率；减少饮食；增强新陈代谢功能；为全身分配营养物质；增强体温调节功能；维持血容量。

脱水对人体的影响：减少血容量；运动能力下降；血压下降；出汗少；中心体温升高；心率增加；皮肤血流量减少；易疲劳；肌糖原利用增加。

不经常运动的人每天大约需要2.5升的水来补充由尿液、粪便、皮肤以及肺的呼吸作用所失去的水分。但在炎热的环境中运动时，排汗量可能会在连续数小时内达到平均每小时1升，甚至超过每小时2升。如果不及时补充流失的水分，就会造成脱水的生理反应，严重者会引起痉挛、心力衰竭甚至危及生命。

建议：

(1) 减肥者应当比常人多喝水，每天至少饮8～12杯，而不应用减少水分的摄入来减轻体重。

(2) 如果因为训练出汗而减轻体重，应尽快把失去的水分补充回来，恢复失去的体重。

三、健身运动结合营养控制是减肥妙方

人民生活水平的提高带来饮食结构的变化，导致越来越多的人因肥胖而患上多种疾病，给生活和工作带来许多不便。这里所说的肥胖是指超出标准体重的实际体重。其原因主要是人体过剩的营养物质由于运动不足而转化为脂肪存在于人体内。

多食少动是减肥的大敌。肥胖大多是因饮食过量、能量消耗减少导致脂肪堆积而造成的。在肥胖者中能量代谢不平衡的占67.5%，饮食不当、爱吃甜食、吃盐过多的占3.2%，只有极少数肥胖是遗传因素造成的。我国著名思想家梁漱溟活了90多岁，他的长寿经验只有四个字"少食多动"。

科学研究还表明，多吃易使吸收的热量超过消耗的热量，导致体内热量聚集形成脂肪堆积；过剩脂质沉积于血管壁，引起血管硬化，造成动脉粥样硬化等心血管疾病；动脉粥样硬化可导致血管弹性降低，血液流动受阻，因而容易患上高血压、心肌梗死等疾病。科学家在对古埃及木乃伊的解剖中发现，王公贵族的动脉硬化最为明显，而殉葬的奴隶动脉硬化程度很轻甚至没有。可见对减肥者来说最重要的是增加健身运动，同时控制饮食。日本健身运动处方创始人之一铃木慎次郎教授的实验研究证明："矫正肥胖的方法不仅是减少食量，还要每日进行中等强度的运动。"

有些人在减肥时只注重节食，这种减肥效果其实并不好。美国生理学家劳伦斯认为，每周减轻体重一磅简直等于自杀。他解释说："迅速减肥的节食处方，无异于把肉撕下来，是有害而无效的。"他提倡健康而有效的长期减肥方法：在可以接受的程度下增加运动，逐渐消耗多余热量。

曾经引起过争议的饥饿减肥法更不可取，1971年和1978年两次获奥斯卡最佳女主角奖的美国好莱坞影星简·方达在其自编的《简·方达健美术》(1981年出版后一

直畅销，被译成20多种文字出版)一书中就坚决反对节食减肥法、饥饿减肥法、自导呕吐法和药物减肥法。她叙述自己曾用这些方法减肥而导致身体虚弱，并且患上了慢性糖尿病。后来，她坚持用运动结合控制饮食的方法减肥，效果惊人。

饥饿减肥法使脂肪减少，体内蛋白质亏损，维生素和矿物质不足。长期采用饥饿减肥法会使机体的抵抗力下降，激素分泌紊乱，甚至可能会引起精神压抑和饮食行为紊乱。

科学证明，减肥的最佳方法是健身运动结合饮食控制，同时要注意以下几点。

1. 了解各种食物所含热量

只有懂得各种食物所含热量，才能有计划地选择饮食，合理控制热量吸收。在选配食物热量时可参照表4-4-7。

表4-4-7　各种食物所含热量(千卡/100克)

食物名称	热量	食物名称	热量	食物名称	热量
谷　类		干豆类		豆制品类	
灿米	350	黄豆	411	黄豆芽	92
粳米	347	绿豆	332	绿豆芽	30
糯米	347	赤豆	319	豆腐	41(南方)
小麦粉	352	蚕豆	316		70(北方)
高粱米	361	咸菜类		面筋	95
玉米面	363	腌雪里蕻	21	豆腐干	1722
鲜豆类		泡青菜	37	鲜果类	
毛豆	134	榨菜	54	橘	53
豌豆	80	咸萝卜干	106	橙	39
蚕豆	90	腌大头菜	101	苹果	62
四季豆	31	泡白菜	18	梨	40

续表(一)

食物名称	热量	食物名称	热量	食物名称	热量
叶菜类		乳品类		鲜果类	
大白菜	19	人乳	65	桃	32
油菜	25	羊乳	71	李	40
卷心菜	24	豆乳粉	447	柿	48
菠菜	18	水产类		枣	103
莴笋	11	黄鱼	78	荔枝	64
莴笋叶	25	带鱼	139	枇杷	29
韭菜	30	青鱼	125	香蕉	90
芹菜	20	草鱼	110	甘蔗	53
空心菜	28	鲢鱼	118	根茎类	
苋菜	34	鲤鱼	115	红薯	172
瓜及茄类		鲫鱼	106	土豆	78
西红柿	13	墨鱼	64	白萝卜	26
茄子	22	黄鳝	83	芋头	78
辣椒	24	海鳗	94	胡萝卜	34
南瓜	29	河虾	75	家畜类	
丝瓜	27	河蟹	82	肥猪肉	829
冬瓜	10	田螺	70	瘦猪肉	330
黄瓜	13	蛋类		腊肉	267
西瓜	21	鸡蛋	166	猪肾	105
苦瓜	17	鸭蛋	186	猪肝	128
		松花蛋	182	肥牛肉	267

续表(二)

食物名称	热量	食物名称	热量	食物名称	热量
干果及硬果类		家禽类		家畜类	
干红果	309	鸡	104	瘦牛肉	143
柿饼	291	鸡肝	111	肥瘦牛肉	270
葡萄干	293	鸭	134	牛肝	135
桂圆	282	鸭肝	138	牛肾	86
花生米	546	鹅	144	肥瘦羊肉	367
炒南瓜子	519	油脂及调味品		羊肝	155
炒葵花籽	628	猪油	591		
核桃仁	669	植物油	900		
食用菌类		白糖	397		
鲜蘑菇	25	酱油	76		
黑木耳	304	醋	2		

2. 根据预定消耗热量确定健身运动处方

每人每日从食物中获取的热量一般不超过1200卡。据测1磅(0.4536公斤)脂肪可产生3500卡热量。如按每周减少1磅左右的脂肪摄入量来制订减肥计划,每周必须至少从食物中减少500卡热量。减肥者一般每天从食物中减少吸收200卡热量,同时要通过健身运动消耗200～300卡热量。这样长期坚持下来,既不痛苦,效果又好。

每天从食物中减少200卡热量的吸收是比较容易控制的,可以参考表4-4-7所列常用食物所含热量的多少来选择饮食方案。

运动消耗热量的规律是:强度越大,热量消耗得越多;强度一样,运动时间不同,消耗的热量也不同。运动的强度和时间可用热量表示,反过来,减肥者也可通过运动中消耗热量的多少来选择运动强度和时间。

例如:体重为80公斤的人要想通过运动消耗掉200卡热量,他只要打17分钟乒乓球或参加篮球运动10分钟即可办到。计算方法很简单,查表4-4-8可知乒乓球与篮球运动消耗的热量分别是0.149卡/(公斤/分)和0.2588卡/(公斤/分),根据

$$200 = 0.149 \times 80 \times t_1$$
$$200 = 0.2588 \times 80 \times t_2$$

得出t_1、t_2分别约为17分钟和10分钟。

表4-4-8 各种活动的热量消耗

运动方式	卡/(公斤/分)	运动方式	卡/(公斤/分)
站立	0.0157	做广播体操	0.0766
穿脱衣服	0.0452	短跑	0.1105
洗脸刷牙	0.0292	长跑	0.1384
洗澡	0.0305	乒乓球	0.149
洗衣	0.0507	篮球运动	0.2588
铺床	0.0507	排球	0.2015
扫地	0.0507	蝶泳	1.0110
提水	0.078	旱冰	0.1525
做饭	0.1015	太极拳(简化)	0.1002
织毛衣	0.0276	少林拳	0.2497
谈话	0.0398	跳绳(115次/分)	0.2833
吃饭	0.0327	引体向上12次	0.6501
步行	0.0673	羽毛球	0.136
散步	0.0407	步行(100步/分)	0.1331
骑自行车	0.1472	足球(比赛)	0.1419

　　日本学者专门研究出了以各种速度跑(或步行)10分钟时按体重计算所消耗的热量，没有条件用球类、体操、举重等运动减肥的人，通过一定时间的慢跑或步行也可达到减肥目的。表4-4-9中列出了各种跑步和步行的速度及10分钟时每公斤体重消耗的热量。

表4-4-9 各种速度跑(或步行)10分钟按体重计算所消耗的热量

跑步或步行速度 米/分钟	每公斤体重在1分钟内消耗的热量 卡/(公斤/分)	跑(或步行)10分钟按体重计算所消耗的热量(卡)						
		40公斤	50公斤	60公斤	70公斤	80公斤	90公斤	100公斤
60	0.018	31	39	47	55	62	70	78
80	0.097	39	49	58	68	78	87	97
100	0.115	46	58	69	81	92	104	107
120	0.134	54	67	80	94	107	121	134
140	0.153	61	77	92	107	122	138	153
160	0.171	68	86	103	120	137	154	171
180	0.190	76	95	114	133	152	171	190
200	0.209	84	105	125	146	167	188	209
220	0.227	91	114	136	159	182	204	227
240	0.246	98	123	148	172	197	221	246
260	0.265	106	133	159	186	212	237	265
280	0.283	113	142	170	198	226	255	283
300	0.302	121	151	191	211	242	272	302

3. 合理营养

我国膳食的热量主要来自粮食,因此减少热量吸收最主要是减少主食。膳食中的蛋白质也多来自粮食,所以减少主食时应及时补充含有丰富蛋白质的食物。

注意多吃不易致胖的食物。这种食物大致分为三类:奶和奶制品;瘦肉、鱼和蛋;蔬菜和水果。

经常食用这三类食物能保证机体对各种营养成分的需求,同时能控制体重。合理营养总的要求是:每天所摄入的热量要与消耗的热量大体相抵,要使每天所摄入的有限食物中尽可能含有丰富的营养素。

具体要求：

(1) 脂肪摄入量应占总热量的25%～35%，其中一部分应是不饱和脂肪酸。

(2) 饮食中糖的含量要低。

(3) 蔬菜、水果、蛋、鱼、瘦肉等各类食物的摄入量应符合健康膳食的准则。

(4) 每天摄入的总热量不超过1000卡。

(5) 每天食用食盐在6克以下。

(6) 少食多餐，一日三餐可改为四至六餐。

4. 适当节食

在保证人体必需营养的前提下适当节制饮食，但不要饿肚子，尤其要避免过度节食。

四、有关运动与饮食的热门话题

1. 健身运动越多食欲越强吗

体力活动减少，食欲不一定随之降低。事实上常常与之相反，越是少活动越想吃东西。养牛的人懂得这个道理，因而经常把牲口关在栏里减少它的活动，使它多吃草来增肥。实验证明，每日活动40～50分钟的动物比那些不活动的要吃得少些。不运动的牛体内脂肪迅速堆积，肌肉组织变得松软。不少人养尊处优、大吃大喝、很少劳动，这种状态似乎很令人羡慕，可是他们的身体却潜伏着祸患，饱食终日而又缺乏运动只会让人一天天增肥，导致心脏和血管疾病。

2. 时断时续的减肥运动有效果吗

按运动处方减肥，如果一曝十寒，则很难收到实际效果。一些人常以为只要跑几公里就可以减肥，其实四五十分钟的跑步虽然会减轻一些体重，但这种情况失去的大多是水分，只要喝几杯水很快又能补充回来。减肥者跑1次步能消耗200卡的热量，但如果跑步之后又终日坐着不动，也不控制饮食，那么不但不会减轻体重，反而会增肥。

3. 是否可以吃营养品和补品来代替一日三餐呢

一些人错误地认为补品可以代替一日三餐，但其实补品对大多数健康的成年人来说是不需要的。维持身体健康所需要的几十种养分，是不可能从补品中全部得到的。这些养分只能从每日的饮食中获取。人们需要的是营养上的平衡即生命需要与饮食之间的平衡，在营养素的摄取上走极端会对健身运动起副作用。喝大量果汁、只吃蔬菜或肉类，都会造成营养不平衡，任何一种维生素或矿物质吃多了都可以产生同化作用，不要轻信种种关于营养方面似是而非的说法。

4. 在控制热量方面，控制饮食与增加运动哪个更重要

现代社会，人们在不缺乏营养的前提下想要控制热量，增加运动比控制饮食更重要。对肥胖型或瘦型的人来说，少吃食物和多吃食物，对人体机能的正常运转都有消极作用。以健身运动为主结合饮食的控制，对减肥和增肥来说都是最佳方法。

5. 哪些运动消耗热量最多

热量消耗由运动强度和持续时间来决定。借此就可以判断一种运动消耗热量的大小。如一个体重75公斤的人双手抓住单杠做一次引体向上(相当于把75公斤重物向上推50厘米左右然后放下)，这个动作虽然十分累人，但它消耗的热量并不比相同体重的人跑一步更多。因为跑步是涉及身体各个部分的运动，而引体向上则不是这样。只有那些有助于血液循环的运动才是消耗热量快而不会使人感到疲劳的运动。

6. 为什么说跑步是健身的好办法

心血管系统的健康是身体健康的重要标志，而跑步可以增强心肺和血液循环系统的功能。但跑步不是促进心血管系统健康的唯一方法，任何使全身活动的项目(如骑健身自行车、使用划动器械等)都可以使心血管系统活动加快。所以，任何健身运动计划都必须包括一些持续性的全身运动，每隔一日进行一次，这是健身的基础。

7. 运动前和运动时要不要吃东西

大多数人运动前不吃食物感到更舒适，但适当吃点也无妨(运动前最好喝杯水)。一般在运动前不要吃油腻的东西。运动时如感到渴可以喝水。运动时补充点体液是必要的，不会造成肥胖但不要暴饮。

8. 经常锻炼者要多摄入一点蛋白质吗

蛋白质的关键作用不在提供能量，而是提供人体必需的化学物质。一般来说，我们吃的大部分蛋白质来源于含动物脂肪很高的牛、羊、猪肉和乳制品。对蛋白质的需求并不会因人体进行运动而增加。一个经常运动的人并不比整天坐办公室的人需要更多的蛋白质。但如果要锻炼肌肉，那就需要多一点蛋白质。

9. 锻炼时要不要穿运动服来保暖

运动锻炼将消耗体能并产生热量，但是这种热量只有在运动前感到冷时才有价值，过于热则是另一种无效负担。锻炼时要按季节气候情况穿衣，以身体感觉舒适为宜，不要穿过多的衣服运动。

10. 周末空闲时间多，用来锻炼身体好吗

一星期都坐在办公室没有运动，身体已适应了这种状况，突然用许多时间锻炼恐怕比不运动更差，还可能影响目前的健康水平。

11. 人体每天对各种营养成分的需求量是多少

糖、脂肪和蛋白质的每日产热量比例为4∶9∶4。剧烈运动消耗热量多时，如果主要靠谷类来获得热量则饮食量会很大，使肠胃负担过重。在预防或治疗肥胖症时，吃糖还要比吃脂肪更加利于节制。实验表明，糖类的摄入最好占总热量的40%以下。脂肪的需要量一般占吸收总热量的20%～25%，进行剧烈活动时可占30%。要注意多吃植物性脂肪(但椰子油却可使血清胆固醇含量增加)，少吃动物性脂肪(鱼和鸡的脂肪并不会使胆固醇含量增加)，以防动脉硬化。蛋白质的摄取量为大约每公斤体重摄入2克即可。每公斤体重需要0.8～0.9毫克维生素C，维生素B_1、B_2和B_3的需要量按消耗1000卡热量时所需能量来计算。消耗1000卡热量需要0.4毫克维生素B_1、0.53毫克维生素B_2和6.6毫克维生素B_3。矿物质必需量方面，钙为0.6毫克，铁为10～12毫克，磷为0.9克。

模块五　常见的运动损伤及防范

学习目标

◎ 了解造成运动损伤的原因

◎ 学会常见运动损伤的处理方法

一、造成运动损伤的原因

(1) 不重视练习前的热身运动和练习后的放松运动。

(2) 运动量过大，造成身体疲劳。

(3) 着装、鞋子不合适。

(4) 技术动作不正确。

(5) 练习场地与运动器材不适。

(6) 缺少必需的营养供应。

二、常见的运动损伤及处理方法

1. 擦伤

锻炼时皮肤会因受挫而开裂、出血或有组织液渗出，如果是小面积擦伤，可用碘伏涂抹伤口，不必包扎；若大面积擦伤，则应先用生理盐水洗净后再涂抹碘伏，覆盖消毒布，最后用纱布包扎；如发现撕裂，则应及时到医院进行缝合。

2. 挫伤

挫伤是时练习者相互碰撞或被钝器撞击所致。一般性挫伤，在伤处会出现红肿、皮下出血和疼痛。如果是内脏器官受到损伤则会出现头晕、脸色苍白、出虚汗等症状，重症者还会因内脏出血而引起休克。处理轻微挫伤者需在24小时内先冷敷患处、抬高伤肢，必要时加压包扎。24小时后，可施行热敷、按摩。若是内脏受到损伤应及时送医院治疗。

3. 拉伤

拉伤是指在外力的直接或间接作用下使肌肉过度地主动收缩或被动拉长时造成的损伤。受伤后伤处疼痛、局部肿胀、压痛、肌肉功能减少或丧失。

（1）前期处理：一般进行局部冷敷、加压包扎并抬高伤肢，24小时后拆除包扎，视伤情处理。

（2）中期处理：改善伤部的血流和淋巴循环，促进组织的新陈代谢，使淤血与渗出液迅速吸收，加速再生的修复。可采用热疗、按摩、拔罐、药物、早期功能锻炼等方法。

（3）后期处理：增强和恢复肌肉关节功能。如有疤痕、硬结和粘连，应通过按摩理疗和功能锻炼，并适当使用药物，设法使之软化松解。

4. 肌肉痉挛

肌肉痉挛又称抽筋，是一种强直性肌肉收缩不能缓解放松的现象。抽筋常发生在腿部的腓肠肌，其次是足底的屈拇肌和屈趾肌；常因冬季训练前的准备活动不充分或穿衣单薄，小腿肌肉受到寒冷的刺激，肌肉不适应剧烈运动所致。在训练中腿部抽筋首先要注意保暖，对痉挛的肌肉用力量加以牵引。坐在地上，用抽筋的同侧手按住抽筋腿的膝盖，另一手握住小腿下部用力向上拉，拉长抽筋肌肉；也可以用手使劲按摩、揉搓抽筋部位或用热毛巾、热水袋敷，以上方法都可以解除痉挛。

5. 关节韧带损伤

在形体训练中，以肩关节、踝关节、髌骨、腰部关节的韧带损伤最为常见。在高低不平的场地上运动、运动前的准备活动不足等都易使踝关节发生内翻而造成外侧副韧带的扭伤甚至断裂；徒手练习中手臂或腿摆幅过大可能会造成肩关节和腰部受伤；还可能因技术上的错误造成手腕或腿部关节韧带损伤。一般表现为压痛或肿痛，有肿胀和皮下淤血，关节功能发生障碍等。关节韧带损伤后，在24小时内先冷敷患处，抬高伤肢，必要时加压包扎，24小时后可采用理疗按摩和针灸等方法治疗。待疼痛减轻后，可增加功能性练习。对急性腰部扭伤，如果出现剧烈疼痛，则不可轻易挪动，应让患者平卧，并用担架送医院诊治。处理后应卧硬板床，在腰下面垫一枕头使腰部肌肉韧带处于放松状态，这样可以保证治疗效果。

6. 关节脱位

因受外力作用使关节失去正常的连接关系叫关节脱位，又称脱臼。关节脱位可分完全性脱位和错位两种。脱位后常伴随关节畸形、剧烈疼痛、明显的压痛、关节周围明显肿胀，同时关节功能丧失，有时还会发生肌肉痉挛，严重时会出现休克。出现关节脱位后，先用夹板或三角巾固定伤肢，并尽快送医院治疗。如没有整复技术和经验，切不可随意做复位动作，以免加重伤情。

7. 骨折

身体某些部位受到直接或间接的外界力量猛烈撞击时可造成骨折。常见的骨折有肱骨骨折、尺(桡)骨骨折、手指骨折、小腿骨折、肋骨骨折等。骨折后患处会出现肿胀疼痛，肢体失去正常功能，肌肉可能产生痉挛，骨折部位可见到畸形，严重时还伴有出血、神经损伤和全身发烧，甚至突发休克。骨折后切勿随意移动肢体，需先用夹板或其他代用品固定伤肢。若出现休克应立即施行人工呼吸；若伴有伤口出血，应马上止血并及时护送至医院治疗。

三、运动损伤的防范

在训练过程中由于气温、场地条件、运动量等而导致运动损伤的发生是难免的，但如何才能使受伤的概率降至最低限度呢？

1. 选择适合自己的训练方法

人的身体都是脆弱而易受伤的，每个人的身体状况都各有不同，然而男性的力量较强而女性的柔韧性较好，因此男女受伤的类型往往大相径庭。练习者要根据自身身体状况，选择适合自己的训练方法和强度才是降低受伤概率的根本。

2. 及时注意自己的身体反应

肌肉隐约出现的痛感是身体出现状况的警告标志。要及时对身体进行检查以免受伤。

3. 及时调整自己的训练计划

练习者经过一周的训练后水平仍未有所提高，就应该停止训练并重新安排训练方案。对于身体特殊部位可以采取轮流训练的方法。

4. 保证身体得到充分的休息

在训练的间隙应当使身体得到充分的休息。肌肉始终处于紧张的工作状态中，就会因过度疲劳而受伤。训练量越大肌肉恢复需要的时间就越长。

5. 避免过度疲劳

当身体感到十分疲劳时千万不要勉强进行训练以免使自己受伤。过度疲劳往往是由于训练过度引起的。肌肉、肌腱或关节出现疼痛和肿胀便是疲劳的先兆。四肢无力、肌肉不由自主地抖动、肌肉麻木、肌肉发烫等都是过度疲劳的表现。过度疲劳往往会导致失眠、咳嗽、感冒及其他一些病症。

运动后应注意的事项

(1) 训练后不要急于进食。一般应等待30分钟再进食，如果是较剧烈的运动等待时间还要更长一些。

(2) 训练后应及时补水。在运动中或运动后即刻科学补水，原则是少量多次。

(3) 剧烈运动后切勿立即坐下休息，应当做一些放松运动，例如慢走等。

(4) 运动后可以采用积极性恢复手段使紧张的肌肉充分伸展、放松，改善肌肉组织的血液循环，以缓解肌肉酸痛，使肌肉疲劳尽快恢复，如压腿、展体等被动性牵拉活动。

(5) 训练后第二天出现肌肉疼痛不要停止训练，应继续坚持下去，这样有助于尽快消除肌肉疼痛。运动的强度可以减小，时间可以缩短，多做一些伸展性的练习，坚持几天疼痛就会消失。

体能训练篇　第五单元

模块一 前庭耐力训练

学习目标

◎ 了解前庭器官的构造

◎ 学会增强前庭耐力的方法

一、前庭耐力的概念

前庭耐力是指空乘人员在飞行中对连续颠簸摇晃等状况的耐受能力。前庭耐力与人体平衡机能的稳定性有着直接关系，前庭耐力差的人在飞行中容易出现头晕、头疼、恶心、呕吐、面色苍白等"晕机"症状，从而影响工作任务的完成。晕机主要是由前庭分析器受到过强的刺激，超过了它的耐受限度而引起的。

二、前庭器官的构造

人体空间定向机能系统(即能感知人体在空间的体位变化和维持人体平衡的系统)是由多种分析器协同作用的，它包括视觉分析器、前庭分析器、本体感受器、听觉分析器和触觉分析器等。其中前庭分析器起着重要的作用。前庭分析器的外围部分位于内耳，由三半规管、前庭(椭圆囊和球状囊)和耳蜗共同组成。由于内耳管道曲折复杂，状如迷宫，所以叫作迷路。

三半规管由三个半月形的弯曲小膜管组成，位于内耳迷路的后上方。各小管的位置互相垂直，分别叫上垂直半规管、后垂直半规管、水平半规管，管内充满液体，称为内淋巴液。三个半规管都开口于椭圆囊内，每个半规管有一个膨大体，称作壶腹，壶腹内有一个小的隆起叫壶腹脊。壶腹脊是一个感觉装置，主要感受旋转变速运动的刺激。

前庭发生的神经冲动与支配眼肌的神经相联系，可以反射性地引起眼肌有规律地收缩，产生眼震；与支配颈部、四肢和躯干部位的运动神经相联系，可以反射地引起四肢躯干肌张力正常关系失调，上身向旋转一方倾倒，不能沿直线行走，定向能力下降或遭到破坏；与植物神经相联系，会产生一系列自主神经反应，如头晕、恶心、呕吐、出冷汗、面色苍白、脉搏血压改变等。飞机的起落、加速度是引起空晕病(亦称晕机病)和产生空间定向错觉的直接原因。体弱、疲劳过度、大脑皮层功能不良等也会造成前庭器官的控制能力减弱，长期停飞造成的适应性减退、胃肠功能不良、心血管功能障碍、缺氧等都能使前庭功能反应加重，容易产生晕机症状。晕机症能通过一些有效的措施来加以预防。通过服用药物和反复进行飞行训练可以提高空乘人员的前庭耐力，但药物(如内服镇静剂)带来的副作用是显而易见的，并且效果是暂时性的。空乘人员通过飞行实践逐渐提高前庭耐力从理论上讲是可行的，但不宜作为提高空乘人员前庭耐力的专门方法。实践证明，进行系统的、特定的地面训练才是提高空乘人员前庭耐力最有效的方法。

三、前庭耐力训练方法

1. 主动训练法

(1) 转头操。"对称地面平衡操"也叫作"转头操"，是一种简便易行，不受时间、场地、条件限制的训练方法。依次可做左、右摇头，左、右摆头等动作。头动频率可掌握在1～2次/秒，每组动作50秒。每做25秒休息5秒，5分钟做一遍。早晚各做一次，每次做两遍。坚持3～6天就会有效果。练习过程中的头动频率和练习时间因人而异、循序渐进。

(2) 地转。练习者可排成体操队形，一臂间隔，或在田径场内站成一排进行训练。练习者左手抱右臂的肩关节处，双腿并齐站立屈体，右臂垂直，食指指向地面，做原地360°连续旋转，如图5-1-1所示。按照教练的口令或要求进行练习。要结合课程的进展逐步提高动作质量，左右臂交换练习。

图5-1-1

(3) 仰转。仰转与地转动作要求基本相似，将头部上仰进行左、右旋转练习，如图5-1-2所示。每次练习时间一般不超过1分30秒。

图5-1-2

(4) 立转。做立转练习时双臂平行展开，双腿平行站立，双眼平视前方，做向左、向右旋转练习，如图5-1-3所示。逐步增加难度，提高动作质量。

图5-1-3

(5) 对转。两人相对站立，握住对方的双手，身体略后仰，向左或向右原地旋转，如图5-1-4所示。

图5-1-4

(6) 前滚翻。由蹲撑开始，低头含胸，双脚蹬地同时双手撑地，身体前倒，膝关节靠近胸部，身体呈球形，头、肩、背、腰、臀、脚依次着地向前滚动，如图5-1-5所示。

图5-1-5

（7）后滚翻。由蹲撑开始，低头含胸，双脚蹬地，身体后倒，膝关节靠近胸部，身体呈球形，臀、腰、背、肩、头依次着地向后滚动，当肩部着地同时双手撑地，身体还原成蹲姿，如图5-1-6所示。

图5-1-6

2. 被动训练法

用各种加速旋转的器械使人体接受被动的旋转训练，如做固定滚轮旋转训练时被动捆住由另一人带动旋转，称为被动训练法。考虑到视觉对晕机的影响，在做训练时应睁眼与闭眼相结合，交替进行。被动训练的旋转速度、练习时间可以随意控制，便于掌握运动量。

四、前庭耐力训练应遵循的原则

1. 全面发展，突出重点

人体各器官的循环系统是在中枢神经系统调节下的有机统一体，有机体的各个组成部分都是互相联系、相互影响的。只有加强身体素质的全面训练，在身体协调平衡发展的基础上才能更好地增强前庭耐力训练的效果。

2. 贵在坚持

前庭耐力训练积累满50个小时即可见到成效，但下降和消退也比较快，一般停止训练5～7天就会出现消退现象。经过系统训练效果最多可以保持4个月，所以要持之以恒，养成良好的训练习惯。

3. 循序渐进

前庭分析器对旋转和摆荡刺激有一个逐步适应的过程。前庭耐力训练必须遵循由小到大、由易到难的原则，练习的次数、时间、强度应逐渐增加，不能操之过急。每次训练要有头晕和全身发热的感觉，但不要达到恶心的程度。一般应根据每人耐受刺激量的一半作为开始刺激量，防止刺激量过大而造成前庭器官永久性损伤。

4. 练习方法要灵活

经常变换练习方法可提高前庭耐力训练的效果。旋转练习时应睁眼与闭眼交替进行，快速与慢速交替进行。应根据每个空乘人员的身体素质情况，因人而异、有所侧重、科学灵活地制定训练方法。

五、前庭耐力的测试与评价

1. 抗眩晕测试

测试场地：地板、草地或平整、质地较软的场地。在测试场地上画一条10米长的白线。

测试方法：受测者严格按照动作规范和节奏要求，在规定的时间内依次连续完成双腿连续纵跳、坐撑左右侧屈、圆背前后滚仰卧、左右侧滚、左右侧后滚、抱膝螺旋滚。完成后立即站起，并在无任何帮助的条件下，沿直线行走10米。测试员测量时以受测者左右脚印的最外侧缘为准，测量其两脚印的左右最大偏离度是否不超过1米。

评价标准：

(1) 0度：能顺利直行10米，无不良反应。

(2) 1度：能行走10米，但不能完全沿直线行进，有轻微头晕、恶心、颜面苍白、微汗等。

(3) 2度：不能沿白线直行10米，有明显的头晕、恶心、呕吐、颜面苍白、大汗淋漓、肢体震颤、精神萎靡等状况，或不能坚持完成测试。

只有0度为合格，1度与2度均为不合格。

2. 电动转椅测试

测试器材：空军招飞行员用电动转椅。

测试方法：受测者坐在转椅上头直立靠在头托上，以2秒钟转1圈(180°/秒)的角速度向左匀速旋转，旋转中闭目，随节拍器连续左右摆头(60°)，每2秒1次，共转45圈，90秒。观察转椅测试30分钟后出现的前庭自主神经反应，将其分为4度。

评价标准：

(1) 0度：无不良反应。

(2) 1度：有轻微头晕、恶心、颜面苍白、微汗等。

(3) 2度：有头晕、恶心、发热、颜面苍白、额头轻微冒冷汗、打战、呕吐等反应。

(4) 3度：有明显头晕、头痛、恶心、呕吐、颜面苍白、大量冒冷汗、肢体震颤和精神抑郁等反应。

2度或3度反应者为前庭自主神经反应敏感。

模块二　有氧耐力训练

学习目标

◎ 懂得有氧耐力训练的机理

◎ 学会增强有氧耐力的方法

一、有氧耐力的训练方法

1. 游泳

1) 项目介绍

游泳是在阳光、空气、水三者良好结合的自然环境中进行的运动。游泳时身体在水中呈漂移状态，为了保持身体的平衡，全身肌肉都要活动起来。由于在水中没有固定的支撑点，所以动作柔和，肌肉收缩也比较缓慢，能够长时间地发挥肌肉的力量，一般不会受伤，比较适合成年人的生理特点；而且，人在水中全身承受水的浮力，这对于体重较大、行动不便的人来说，没有陆地上锻炼时支撑体重的负担，是一项很好的运动。

游泳可以刺激全身皮肤和肌肉，可以增强人体的体温调节能力和对环境的适应能力。人体在水中受到水的压力，水深每增加1米，每平方厘米体表面积所受到的压力就增加0.1个大气压，水对身体的压力能促使呼吸加强、加深。游泳的水环境对人体的呼吸、皮肤、肌肉等的刺激，以及身体呈水平运动的姿势等都有利于血液回流心脏，能促进心血管系统机能的改善；同时，流体静水压力能促进静脉外周血管收缩，改善下肢静脉血管功能的不足。水对人体的力学作用与水的密度大于空气的密度有关，在快速运动时为了克服水的阻力，就要求身体增加做功，因而对心血管系统功能的改善有明显效果。由于锻炼者心血管调节能力提高，对寒冷刺激能迅速产生适应性反应，增强了机体对环境的适应能力。所以，游泳是一项很好的适合成年人的健身运动。

2) 运动目的

(1) 提高人体体温调节能力，增强抗寒、耐热等身体适应环境变化的能力。

(2) 增强心血管系统的机能，提高全身的耐力。

(3) 改善呼吸系统机能，提高机体免疫力。

(4) 消除多余脂肪，促进体型匀称健美。

3) 游泳的练习方法

游泳运动分为竞技游泳(蝶泳、仰泳、蛙泳、自由泳)和实用性游泳(自由泳、蛙泳、潜泳、踩水等)两大类。练习游泳的姿势很多，对成年人来讲，最好学习蛙泳。实验表明，人体在练习蛙泳时身体姿势比较平稳，水的支撑面积大，练习起来省力、呼吸方便、视野宽、易持久。

(1) 熟悉水性。熟悉水性是学习游泳的重要环节，它对于初学者来说是一个不可逾越的重要阶段。熟悉水性的目的是：使初学者了解和体验水的特性，克服怕水的心理，掌握水感，如浮力感、阻力感、压力感等；习惯游泳时身体姿势的改变，培养对游泳的兴趣；掌握一些水中活动的基本技能，即水中的移动、呼吸、浮体和滑行；逐步适应水的环境，为进一步学习和掌握各种泳姿技术打好基础。

(2) 水中移动。练习方法：身体侧对池壁，手扶池边向前、向后迈步行走；面向池壁，手扶池边向左、向右迈步行走；手扶池壁或5～6人手握手向前、后、左、右走动；与同伴手拉手呈圆圈地走、跑或互相推水、戏水。

(3) 练习呼吸。

① 练习闭气：手扶池壁或握住同伴的手做深呼吸后闭气，然后慢慢下蹲把头全部浸入水中，停留片刻后起立，在水面上换气后再重复做几次，如图5-2-1所示。

② 练习呼气：同上练习，吸气后头浸入水中，稍闭气，即在水中用嘴和鼻同时吐气，在嘴将出水面时用力把气吐完，随即用嘴迅速吸气后又立即将头部浸入水中。如此反复练习，做到吸、闭、吐气有节奏地进行，如图5-2-1所示。

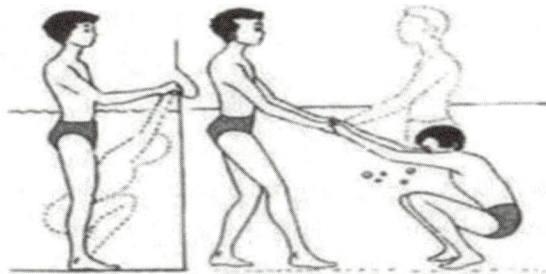

图5-2-1

(4) 浮体与站立。

① 抱膝浮体站立练习：原地站立，深吸气后下蹲，低头抱膝，双膝尽量靠近胸部，前脚掌蹬离池底，呈抱膝低头姿势，自然漂浮于水中。站立时，双臂前伸向下压水并抬头，同时双腿伸直，双脚触池底站立，双臂自然放于身体两侧，如图5-2-2所示。

图5-2-2

② 展体浮体练习：吸足气后身体前倒入水，闭气，抱膝，团身低头。等背部浮出水面后伸直臂和腿，呈俯卧姿势漂浮于水中。站立时，收腹、收腿，同时两臂向下压水并抬头，双腿伸直，双脚触池底站立，如图5-2-3所示。

图5-2-3

(5) 滑行练习。蹬池底滑行练习：双脚前后开立，双臂前上举。深吸气后上半身前倒并屈膝，当头、肩浸入水中时前脚掌用力蹬池底，随后双脚并拢，使身体呈流线型向前滑行，如图5-2-4所示。

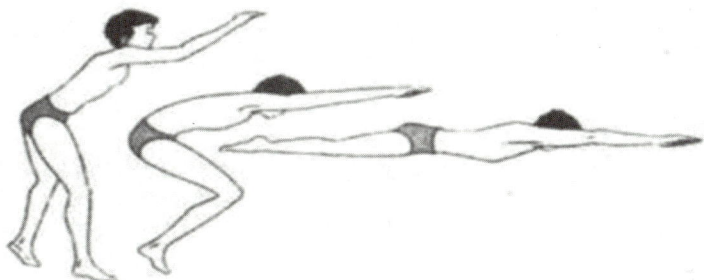

图5-2-4

4) 蛙泳技术

(1) 蛙泳的换气动作。

① 水中闭气：手扶池壁、同伴或教练的手蹲下，使头没入水中练习闭气，若干时间后站起，进而不需保护自行练习。闭气时间越长越好。若头部感到不适，应终止练习。

② 水中吐气：手扶池壁或同伴的手蹲下，将头没入水中，徐徐地以口或鼻吐气，一段时间后缓缓站起。在水中吐气时间越长越好。注意，不可断断续续地间歇吐气，容易呛到。

③ 韵律呼吸：就是有规律、有节奏地呼吸。基本上与前面的水中吐气相似，即在水中用口或鼻吐气，出水面时再用口吸气。注意节奏，可以配合双手压水的动作来进行。

(2) 蛙泳转身动作技术(以左转身为例简单介绍)。

① 触壁。在最后一次蹬腿结束时不减速地游近池壁，双臂前伸，在正前方高于身体重心的地方，右手在上、左手在下，双手相距15厘米左右，手指朝左斜上方触壁。

② 转身。触壁后，全手掌压池壁，随着惯性屈肘、屈膝团身，同时身体沿纵轴向左侧转动，并抬头吸气，左手离开池壁在水中随着身体向左侧转动并逐渐向左前伸。当身体转至侧对池壁时，向前进方向甩头并低头入水。右臂推离池壁，从空中摆臂，同时提臀使双脚触壁，双手前伸，双腿弯曲准备蹬壁。

③ 蹬壁。双脚掌在水面下约40厘米处，双臂向前伸直，头夹在双臂之间，然后用力蹬离池壁。

④ 滑行和一次潜泳动作。蹬壁后，身体呈流线型滑行；当速度放慢至正常游泳速度时，双手开始长划臂至大腿两侧稍停。滑行速度稍慢时，开始收腿；双手贴近腹、胸、额下前伸；当双臂伸直夹头时，蹬腿滑行，双臂开始第二次划水时头露出水面。

(3) 蛙泳手臂动作。

① 开始动作：双臂绷紧自然地向前伸直，与水面平行，身体呈一条直线。

② 抓水：手臂前伸，肩关节略内旋，双手掌心略转向斜下方，稍勾手腕，双手分开向斜下方压水。

③ 划水：双臂分开成40°~45°角时手腕开始弯曲，双臂向侧、下、后方屈臂划水。划水时，屈臂的角度是不断变化的，优秀运动员在划水阶段都能屈臂成接近90°，因为这个角度能很好地利用胸背部的大肌肉群，以发挥最大的力量。一般练习者划水时，手臂划至两臂夹角约呈120°时，即应连续向里过渡做收手动作。划水和收手时，手的路线不应到肩的下后方，应在肩前下方。为了尽量提高速度，在进入划水动作时，练习者应用最大力量划水，以获得前进时的最大速度。因此，运动员在划水时身体会上升，这是合理现象。

④ 收手：收手过程也能产生较大的前进力和上升力。收手过程将手臂向里、向上收到头前下方；臂与肘几乎同时以更快的速度来划水，这时不应强调双肘向里夹的动作，因为这样会削弱划水的力量，同时也应避免划水路线过长。当手收至头前下方时，翻转双手掌心成向内、向上，这时大臂不应超过两肩延长线。在整个收手过程中，手的动作应快速地完成。收手结束时，肘关节低于手，大小臂夹角呈锐角。

⑤ 伸臂：伸臂动作是由伸直肘关节、肩关节来完成的。伸臂过程中掌心先朝上，逐渐向下翻转，同时手臂向前伸出。快速伸臂动作是现代蛙泳技术的特点之一，它紧密配合腿的动作，因此在伸臂的同时，肩要向前；头也几乎同时向前有"压"的动作，注意向前伸臂动作中不能有停顿。整个臂部动作的划动路线，无论是俯视或仰视都是椭圆形。蛙泳的手臂划水动作是一个完整的动作，划水轨迹是依次由侧向下、后、内、前方向移动。划水力量由小逐渐加大，划水速度由慢到快。

(4) 身体在水中蛙泳滑行时的注意事项。

① 掌握正确的呼吸方法。在进行蛙泳完整配合练习前，必须熟练掌握正确的呼吸方法，才能在短暂的时间内完成吸气过程。其方法是：呼气要由小到大，逐渐加

大呼气量(口鼻同时呼气)，口部一露出水面，立刻用力把气吐完，并立刻快而深地吸气，呼与吸之间无停顿。

② 掌握合理的腿部动作。蛙泳的腿部动作是推动身体前进的主要动力。双腿在蹬夹水并拢时有向下压的动作，此动作既能使身体上升又有利于滑行，能使身体在水中处于较合理的位置，因而可以直接影响到呼吸动作完成的好坏。需注意以下几点：

a. 收腿时，脚跟向臀部靠拢。

b. 收腿时，脚掌外翻，使小腿垂直于脚背，加大蹬水面积。

c. 蹬夹水的速度要快，一定要蹬到位，即双腿、双脚靠拢。

③ 调整身体在水中的位置。利用两次至多次腿部动作结合一次手臂动作、一次呼吸动作配合练习。主要是利用两次或多次腿部动作来解决蹬夹水后身体在水中位置偏低的问题，使初学者尽快掌握呼吸方法，而后再进行一次呼吸、一次手臂及一次腿部动作的正确配合练习。

④ 闭气滑行、吐尽吸满。在进行完整呼吸配合练习时，要求练习者闭气滑行，滑下时开始吐气，并逐渐加大吐气量。口部一露出水面，即刻用力把气吐完，并快而深地用口吸满气。练习中不强调早吸气或是晚吸气，而是强调"吐尽、吸满"。

注意事项

(1) 游泳场所的选择必须注意安全和卫生。水流湍急和水况不明的地方不宜游泳，以免发生危险。

(2) 空腹或饭后1小时内不宜游泳，以免给身体健康带来不良影响。

(3) 剧烈运动或强体力劳动之后，不能立即下水游泳。

(4) 下水前应做好充分的准备活动。

(5) 出现抽筋现象不必慌张，应设法自救和向他人求救。手指抽筋时应将抽筋的手握拳，然后用力张开，这样迅速地反复做几次就会缓解。小腿或脚趾抽筋时应先吸一口气仰浮于水上，用抽筋肢体对侧的手握住抽筋肢体的脚趾，并用力向身体方向拉。同时用同侧的手掌压在抽筋肢体的膝盖上，帮助抽筋腿伸直。大腿抽筋时应仰浮于水面，弯曲抽筋的大腿，双手用力抱住小腿，贴近大腿，反复振压以缓解抽筋。

2. 健身跑

2500多年前，希腊埃拉多斯山崖上刻着："如果你想强壮，跑步吧！如果你想聪明，跑步吧！如果你想健美，跑步吧！"可见那时的人们就认识到跑步锻炼能使人身体健壮、体型健美、头脑聪明。

从生理学角度讲，健身跑适合各种年龄和不同身体状况的人。健身跑可以调节人体的生理机能和各器官的功能，使心血管活动加强，促进全身血液循环，及时供给组织细胞能量和氧气，及时排出汗液和二氧化碳。健身跑还可使大脑获得充足的氧气供应，增强大脑对兴奋和抑制过程的调节能力。坚持健身跑不仅能使思维敏捷、手脚灵活，还可以延年益寿、强身健体。从心理健康方面讲，健身跑还可以缓解抑郁症。

1) 运动目的

(1) 锻炼心肺功能，提高有氧能力，增强体质。

(2) 调节神经系统功能，尤其是调节植物性神经系统功能。

(3) 促进新陈代谢，改善消化系统功能。

(4) 促进脂肪代谢，控制体重。

(5) 防治高血压、高血脂、动脉硬化等心血管疾病及其他与运动不足有关的疾病。

2) 练习形式与方法

健身跑的方法有很多，如走跑交替法、匀速跑、间歇跑、变速跑和重复跑等。开始进行健身跑时，最重要的是循序渐进、持之以恒。最好采用走跑交替和匀速跑的形式。

(1) 走跑交替法。走跑交替法适合体弱和缺乏锻炼的人。方法是先走100～200米，然后慢跑300～500米，重复数次。初次参加锻炼的人一般是走1分钟跑1分钟，交替进行，因个人的具体身体素质情况而定。经过一段时间锻炼之后，就可以缩短走的时间，直到可以慢跑5～8分钟。以后每隔1～2周逐渐增加跑步时间和距离，每周跑3～5次。走跑交替运动方案如表5-2-1所示。

(2) 匀速跑。匀速跑是在跑的过程中均匀地分配体力。对大部分人来说它是比较适合的锻炼方式，跑的过程比较省力，心率也容易控制。匀速跑方法灵活多样(如定时间或定距离的匀速跑)，可自行掌握。

表5-2-1　走跑交替运动方案

周次	每周跑2~4次	总时间/分钟
1	跑1分钟+走1分钟，重复3次，再跑1分钟	7
2	跑1分钟+走1分钟，重复5次	10
3	跑2分钟+走1分钟，重复4次，再跑2分钟	14
4	跑3分钟+走1分钟，重复4次	16
5	跑4分钟+走1分钟，重复4次	20
6	跑5分钟+走1分钟，重复3次，再跑2分钟	20
7	跑6分钟+走1分钟，重复3次	21
8	跑8分钟+走1分钟，重复2次，再跑2分钟	20
9	跑10分钟+走1分钟，重复2次	22
10	跑20分钟(要求不休息地连续跑)	20

(3) 间歇跑。间歇跑是慢跑和行走交替的一种过渡性练习。一般从跑30秒+走30~60秒开始，逐渐增加跑步时间以提高心脏负荷。反复进行10~20次，控制总时间在12~30分钟，以后每两周根据体力提高情况再逐渐增加负荷，可每天或隔天进行一次。表5-2-2为常用的间歇跑运动方案。

(4) 变速跑。变速跑是快跑和慢跑交替进行的跑步方式。变速跑的形式很多，如等距变速跑、不等距变速跑、不均匀的快跑和慢跑等。

表5-2-2　常用间歇跑运动方案

周次	慢跑/秒	行走/秒	重复次数	总时间/分钟	总距离/米
1	30	30	开始8次，以后每天加1次，至12次	8~12	500~800
2	60	30	开始6次，以后每天加1次，至10次	9~15	1200~2400
3	120	30	开始6次，以后每天加1次，至10次	15~25	2400~4000
4	240	60	开始4次，以后每天加6次	20~30	3200~4800

注意事项

（1）跑步前要做好充分的准备活动才能预先促进血液循环、加强肌肉的收缩功能，防止跑步时肌肉拉伤或因剧烈运动出现心肌缺血。长期在水泥地面上跑步容易引起小腿胫骨损伤，应尽量选择在塑胶跑道、草坪或土地上跑。

（2）冬天跑步要注意防寒，跑热了应当及时脱去厚衣服。跑步时所穿衣服的多少要根据天气、个人的抗寒能力和跑步时的运动负荷来确定，以跑时不感到太冷又不大量出汗为原则。有风时，前半段应逆风跑，回程顺风跑。夏天跑步应穿背心、短裤，可以少出汗；如果出汗过多应喝些淡盐水补充电解质的损耗以免肌肉抽筋。跑步后要注意做放松运动。

（3）感冒、发热、腹泻时不宜跑步，女性在月经期间也要暂停跑步锻炼。慢性病患者练习健身跑之前要经医生的检查许可，并做好自我检查和按时去医院复查。

（4）选择走跑交替进行健身运动时，随着训练程度以及健康水平的提高，可逐步缩短走的距离，加长持续跑的距离，脉搏不要超过允许的指标范围。

二、有氧耐力的测试与评价

耐力是绝大多数体育运动项目的基本要求，它反映了人体在较长时间内保持一定负荷强度或动作质量的能力。我们选用了以下测试指标来测定训练者的耐力素质。

1. 5分钟跑

（1）受试对象：男、女。
（2）动作规格：自然、适度的耐久跑。
（3）测试场地：可丈量的平整地面。
（4）测试方法：统一发令后，受试者开始跑步，至5分钟时，发出停止信号，测试员计算所跑距离并记录。
（5）测试单位：米/5分钟(精确到1米)。
（6）测试器材：发令枪(或发令哨)、秒表、判断距离的标志物、号码布。

测试指标如表5-2-3所示。

表5-2-3　5分钟跑耐力素质测试指标

单位：米

性　别	年　龄	1分钟	2分钟	3分钟	4分钟	5分钟
男	20～24岁	1200～1400	1401～1680	1681～1890	1894～2070	2071以上
	25～29岁	1150～1310	1311～1600	1601～1800	1801～2.10	2011以上
	30～34岁	1100～1250	1251～1520	1521～1710	1711～1970	1971以上
	35～39岁	1040～1180	1181～1490	1491～1640	1641～1910	1911以上
女	20～24岁	850～1040	1040～1260	1261～1570	1570～1750	1750以上
	25～29岁	830～1020	1021～1230	1231～1510	1511～1710	1711以上
	30～34岁	810～990	991～1200	1201～1440	1441～1660	1611以上
	35～39岁	790～970	970～1150	1151～1390	1391～1610	1611以上

专家点评：5分钟跑是一项衡量人体持续运动能力的有氧运动项目。需要注意的是，由于人体在较长时间的运动后大量血液会淤积在下肢，如果突然停止运动，有可能诱发体位性低血压而导致头晕甚至晕厥，因此受试者在测试前应在原地做慢跑或踏步的准备活动。经常进行5分钟跑能够提高训练者对长时间工作的心理耐受能力、运动器官的持续工作能力，还可直接提高肺活量及增强心脏功能，全面改善健康状况。

2. 5分钟上下楼梯

(1) 受试对象：男、女。

(2) 动作规格：一步一台阶地登楼梯，采用上几阶再下几阶的方式(9～14阶的楼梯为宜)。

(3) 测试场地：室内外的楼梯均可，楼梯不可太光滑，楼梯每阶高度14～15厘米。

(4) 测试方法：听到口令后受试者开始往返上、下楼梯，测试员记录5分钟内的数值(上、下台阶的总数)，测试员可中途报时，以便受试者控制运动负荷。

(5) 测试单位：阶/5分钟。

(6) 测试器材：秒表、发令哨。

测试指标如表5-2-4所示。

表5-2-4　5分钟上下楼梯(阶)耐力素质测试指标

单位：阶

性　　别	年龄	1分钟	2分钟	3分钟	4分钟	5分钟
男	20～24岁	460～585	586～825	821～1115	1116～1345	1346以上
	25～29岁	450～570	571～800	801～1070	1071～1250	1250以上
	30～34岁	440～555	556～770	771～1020	1021～1190	1191以上
	35～39岁	430～535	536～730	731～990	991～1160	1161以上
女	20～24岁	350～480	481～660	661～860	861～1070	1071以上
	25～29岁	335～460	461～640	641～840	841～1035	1036以上
	30～34岁	320～435	436～605	606～820	821～1000	1001以上
	35～39岁	300～415	416～570	571～805	806～975	976以上

专家点评：5分钟上下楼梯是一项衡量人体有氧代谢能力的运动项目。本项目的最大特点是对场地要求简单且训练效果明显。对于平时缺乏专门运动时间或场地的人群来说，登楼梯是一种简单易行的训练方法。一般情况下登楼梯健身非常安全，但由于登楼梯时膝关节承受较大负荷，有各种关节损伤和疾病的人不宜参与。要注意掌握上、下楼梯的节奏，特别是下楼梯时不可过快以免跌倒受伤，最好选择视野开阔、阳光充足的室外楼梯。各种耐力素质指标证明，5分钟上下楼梯对延缓下肢肌肉力量的下降更为有效。

3. 3分钟台阶测试

(1) 受试对象：男、女。

(2) 动作规格：测试时，上、下台阶先用右脚再用左脚，即"右上，左下；右下，左上"为一次登台阶动作。按节拍器的节奏来规定脚上、下的顺序，每分钟做30次，即每2秒完成上、下四个节拍动作(即一次登台阶)。

(3) 测试场地：室内、室外均可。

(4) 测试方法：在3分钟完成90次登台阶动作后，受试者即刻在长凳上安静地坐3分钟。在这一恢复期间，要按如下程序定时测出桡动脉的脉率：

① 恢复1分钟后，测30秒脉搏。

② 恢复2分钟后，测30秒脉搏。

③ 恢复3分钟后，最后一次测30秒脉搏。

记下3次脉搏数，填入表5-2-5中，并记录3次脉搏次数之和，利用其总数，从表5-2-6中查到相应的得分。

(5) 测试单位：30秒的脉搏次数。

(6) 测试器材：一条长凳、椅子或高50厘米的平台、节拍器。

表5-2-5　记录表

姓名 _____　性别_____　年龄_____　日期_____	
3分钟台阶测试	
定时记录	脉搏次数
运动后1～1.5分钟	_____
运动后2～2.5分钟	_____
运动后3～3.5分钟	_____
	3次脉搏次数之和：_____

表5-2-6　3分钟台阶测试评分(百分制)记录表

男(年龄)		得　分	女(年龄)	
17～25岁	26～50岁		17～25岁	26～50岁
3次脉搏次数和	3次脉搏次数和		3次脉搏次数和	3次脉搏次数和
108	110	100	122	125
115	117	95	128	131
优　秀				
121	123	90	134	137
128	130	85	140	143
134	136	80	146	149
141	142	75	153	155
147	149	70	158	161
154	155	65	165	167
160	162	60	170	173
167	168	55	177	179

续表

一 般				
173	174	50	183	185
180	181	45	189	191
186	187	45	189	191
193	193	35	212	213
199	200	30	217	219
206	206	25	224	225
212	213	29	229	231
219	219	15	236	237
225	225	10	242	243
232	232	5	249	249
238	238	0	256	256

参 考 文 献

[1] 邱玲，杨元清. 瑜伽形体训练对高校女生的作用[J].才智，2008(20)：2.

[2] 孙玉珍. 试论高校开设形体课的重要性[J]. 赤峰学院学报：自然科学版，2007，23(1)：2.

[3] 王晶，魏扬帆，肖俊. 形体训练教程[M]. 青岛：中国石油大学出版社，2017.

[4] 梁智栩. 形体训练[M]. 上海：上海交通大学出版社，2015.

[5] 傅立功. 健身运动处方. 北京：华夏出版社，1993.

[6] 任保莲，王德平. 走跑健身运动全书[M]. 北京：北京体育大学出版社，1999.

[7] 国家体育总局. 普通人群体育锻炼标准解读手册[M]. 北京：高等教育出版社，2003.